Gerhar

Lieder uns e

CW01623247

Voggenreiter

Die in diesem Buch enthaltenen Originallieder, Textunterlegungen, Fassungen und Übertragungen sind urheberrechtlich geschützt. Nachdruck nur mit ausdrücklicher Genehmigung der Verfügungsberechtigten erlaubt.

Alle Rechte an der Zusammenstellung dieses Buches beim
Voggenreiter Verlag.

Herausgeber und musikalische Beratung: Gerhard Buchner

© 1999 Voggenreiter Verlag
Postfach 210 126, D 53156 Bonn
www.voggenreiter.de
info@voggenreiter.de

ISBN 3-8024-0357-6

Lieder unserer Berge ...

... wir singen sie beim Wandern oder beim Skifahrn, bei der Gipfelrast, auf der Hütte, beim Heimatabend im Dorf oder daheim zur Erinnerung an schöne Erlebnisse in der Bergwelt. Dieses Liederbuch bietet dafür eine besonders reichhaltige Sammlung beliebter Melodien und Texte.

Neben lustigen und besinnlichen Volksliedern, zünftigen Jodlern und Schnaderhüpfln (mit 100 Stophen) enthält es eine Vielzahl von Evergreens aus neuerer Zeit.

Bei allen Melodien sind Begleitakkorde angegeben. Der Anhang bringt Anregungen zur Liedbegleitung auf der Gitarre und dem Akkordeon. Eine Übersicht über typische alpenländische Voksmusikinstrumente mit Abbildungen runden das Buch ab.

Viel Freude mit den „Liedern unserer Berge“
wünscht herzlich allen Bergfreunden

Gerhard Buchner

Inhalt

Berg- und Heimatlieder

Mit dem Rucksack auf'm Buckl

2. A graue Lederhos'n und weiße Strümpf dazua,
das tragt bei uns im Landl gar wohl a jeder Bua.
Kein Berg ist uns zu hoch, kein Weg ist uns zu steil,
ja mit dem Rucksack auf'm Buckl . . .

3. Und schlägt die Abschiedsstunde, ereilt mich der Bergestod,
ein Kreuz im Felsengrunde erglüht im Abendrot.
Bringt mir als letzten Gruß das schönste Alpenreis,
ja, mit dem Rucksack auf'm Buckl . . .

(·) alternative Tonart E-Dur

Text und Melodie aus dem Pinzgau

Der Alperer

Jodler aus dem Salzburgerland.

Alpine Stoßseufzer

2. Auf der Plattn bleib ich hängen
denn die Griff san so weit weg.
Und i kann sie net derglengen,
wann i mi a no so streck!
|: Zeig ma an Griff, zeig ma an Griff,
Franz, i merk schon, die G'schichte geht schief. :|

3. Über mir ein Überhangl
aus den glattesten Gestein,
und da ertönt mein banges G'sangl,
meinem Freund durch Mark und Bein:
|: Such dir an Stand, such dir an Stand!
Franz, i g'spür schon, i flieg aus der Wand. :|

4. Über'm Abgrund tu ich schweben,
unter mir der tiefe Schrund.
Kann der Franzl mi net heben?
I wieg eh nur 100 Pfund.
|: Laß mi net aus, laß mi net aus,
Franz, sonst bringst mi im Schneuztüchel z'Haus. :|

5. Und jetzt häng i halt am Strickel
mitten in der freien Luft,
und der Franz laßt nach a Stückel,
ziagt mi net in d' Höh, der Schuft.
|: Franz, geh ziag, Franz, geh ziag,
Franz, geh halt mit, i g'spür schon, i flieg. :|

Text: Paul Wertheimer
Melodie: Hans Schwanda

Frisch auf ins weite Feld

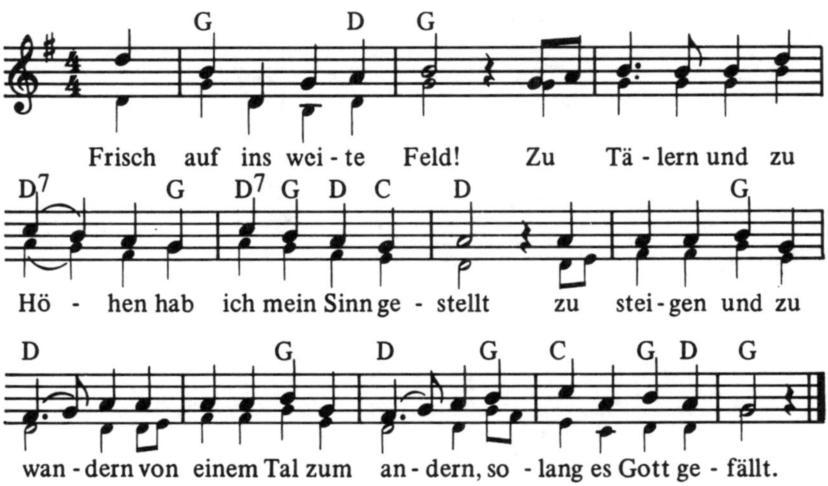

Volkslied aus Schlesien

Im Sommer, da ziehen wir

2. Im Winter da trägt uns der flüchtige Ski
von herrlichen Bergen zu Tal.
Wir scheu'n keine Plage, wir scheu'n keine Müh,
ja wir fahr'n bis zum allerletzten Mal:
Wir lieben die Berge zur Winterzeit,
bedeckt mit pulvrigem Schnee, heijo!
Es wird uns das Herz in der Brust ja so weit,
wenn wir fahren von glitzernder Höh.

3. Wenn das Frühjahr die eisigen Bande sprengt,
das Herz an das Faltboot nur denkt.
Wir jagen die Flüsse, ob groß oder klein,
in die Wellen, da stürzen wir hinein:
Wir lieben die Zeiten so wie's uns gefällt,
ein jeder nach seiner Façon, heijo!
Mal mit Pickel, mal mit Skier, mal mit Faltboot, mal mit Zelt.
Ja, so ziehen wir hinaus in die Welt.

Text mündlich überliefert; Melodie nach „Nun sing mir ein Lied"

Hamdia

Jodlerkanon aus der Steiermark; aufgezeichnet von J. Pommer.

Mein Herz ist im Hochland

2. Mein Norden, mein Hochland, leb wohl, ich muß ziehn,
du Wiege von allem, was stark und was kühn.
Doch wo ich auch wandre und wo ich auch bin,
nach den Hügeln des Hochlands steht allzeit mein Sinn.

3. Lebt wohl, ihr Gebirge mit Häuptern voll Schnee,
ihr Schluchten, ihr Täler, du schäumender See,
ihr Wälder, ihr Klippen, so grau und bemoost,
ihr Ströme, die zornig durch Felsen ihr tost!

4. Mein Herz ist im Hochland... (wie 1. Strophe)

Text: Ferdinand Freiligrath (1835) nach Robert Burns;
Melodie: Schottische Volksweise.

Bergvagabunden

2. Mit Seil und Haken alles zu wagen,
hängen wir in der Wand.
Herzen erglühen, Edelweiß blühen,
vorbei geht's mit sicherer Hand. Herrliche Berge ...

3. Fels ist bezwungen, frei atmen Lungen,
ach, wie so schön ist die Welt!
Handschlag, ein Lächeln, Mühen vergessen,
alles aufs beste bestellt. Herrliche Berge ...

4. Beim Alpenglühen heimwärts wir ziehen,
Berge, die leuchten so rot.
Wir kommen wieder, denn wir sind Brüder,
Brüder auf Leben und Tod.
: Lebt wohl, ihr Berge, sonnige Höhen,
Bergvagabunden sind treu. :

Musik: Hans Kolesa, Text: Erich Hartinger
© 1989 montana (für Deutschland) © 1956 by Eberle Verlag, Wien
(für Österreich und Schweiz)

Wir Kameraden der Berge

2. Wenn im Tale wir ein Mädchen wissen,
die uns mit Liebe so reich beglückt,
legen wir die Blumen ihr zu Füßen,
die wir auf sonnigen Bergen gepflückt.
Und ist auch in uns'res Liebchens Armen
die Welt so sorglos, die Welt so schön,
treibt es doch uns Freunde bald von dannen
hinauf zum Gipfel, auf schwindelnde Höh'n.

Musik: Guiseppe Becce, Text: Hedy Knorr-George
© 1929 by Edition Meisel GmbH, Berlin

Müde Berggefährten

2. Wo der Wände hohe Flucht am steilsten niedersaust,
ja da gehn mir am liebsten vorbei.
Da gibt's Depp'n, die kraxl'n da drob'n umanand,
ja so narrisch wern mir grad sei!
Verstehst hast g'hört, mir gangst damit!
Auf solche Stoana san mir net scharf!
Ja mir san zünftig auf dera Welt,
für so an Schmarrn, da hab'n mir koan Bedarf.

3. Wo in eisiger Kluft uns Gefahren bedroh'n,
na da siehst unser Lebtag uns net.
An Tarock am Stammtisch, dazua a Grammophon,
a Wetschina und a warm's Bett!
Da gibt's koa G'fahr und friert's di net,
es gibt koa Schind'n, koane Müh, koa Plag!
Ja mir san zünftig auf dera Welt,
woll'n unser Ruah an de Feiertag.

Text und Melodie mündlich überliefert.

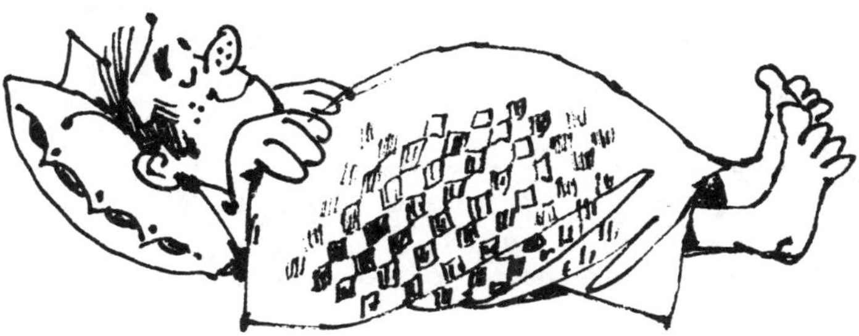

Der Winter, der is mir net zwider

(·) = alternative Tonart E-Dur

2. Na ziag i gschwind an mei fesch Gwandl,
setz d'Mützn recht keck übers Ohr,
bind d'Skischuh fest zu mit an Bandl
und hol meine Schwartling hervor.
Den Schnerfer, den schweren, geschnüret,
„Ski Heil!" und jetzt wird abmarschiert!

3. In d'Berg hinein tuts mi halt ziehen,
da hatsch i schön langsam in d'Höh.
Da spür i koa Plag, koane Mühen,
koa Hunger, koa Durst tuat mir weh,
bevor i das Ziel mir errungen
und Schnee und Eis trotzig bezwungen.

4. Und steh i na drobn auf der Spitzn
und schau i rundum in der Welt.
Na ziag ich voll Andacht mei Mützn,
a Bazi, wem so was net gfällt.
Voll Freud tuat mei Herz überquellen,
da tua i an Juhschroa, an hellen:

5. Und wenn na de Brettl so renna,
auf glitzernder Bahn von der Höh,
mei Liaba, des muaß ma scho könna,
sonst hauts di ganz damisch in Schnee!
Doch konnst amal fahren recht prächtig,
dann packt di die Leidenschaft mächtig:
Zwoa Brettl, a gführiger Schnee, juchhe,
des wird na dei höchste Idee!. . .

6. Doch des steht scho fest ohne Zweifi,
passieren kann da allerlei:
Fahrst nei in an Grabn wia da Teifi -
und knacks, is a Schwartling entzwei!
Da stehst na und schaust allwei dümmer
und hast in der Hand deine Trümmer:
Drei Brettl, a gführiger Schnee, o weh!
Da hast jetzt dei höchste Idee!

7. Doch sitzt ma schö warm in der Hüttn,
es prasselt das Feuer im Herd.
Den dampfenden Tee in der Mitten
und Speck und Brot wia's sich's halt ghört.
Dann laßt die Gitarre erklingen,
dem Winter ein Loblied zu singen:
Zwoa Brettl, a gführiger Schnee, juchhe,
des is halt mei höchste Idee!

8. Und kommt dann der Mai in die Lande,
es regnet und donnert und blitzt.
Es sprenget die eisigen Bande -
und der Skifahrer, der keucht und schwitzt.
Der tragt an die zweitausend Meter,
in die Berge hinauf seine Bretter:
Zwoa Brettl und nirgends a Schnee, juchhe,
is des a verruckte Idee!

Text: Otto Sirl,
Melodie: aus dem Allgäu
© Bergverlag Rudolf Rother,
D-85521 Ottobrunn

Schneewalzer

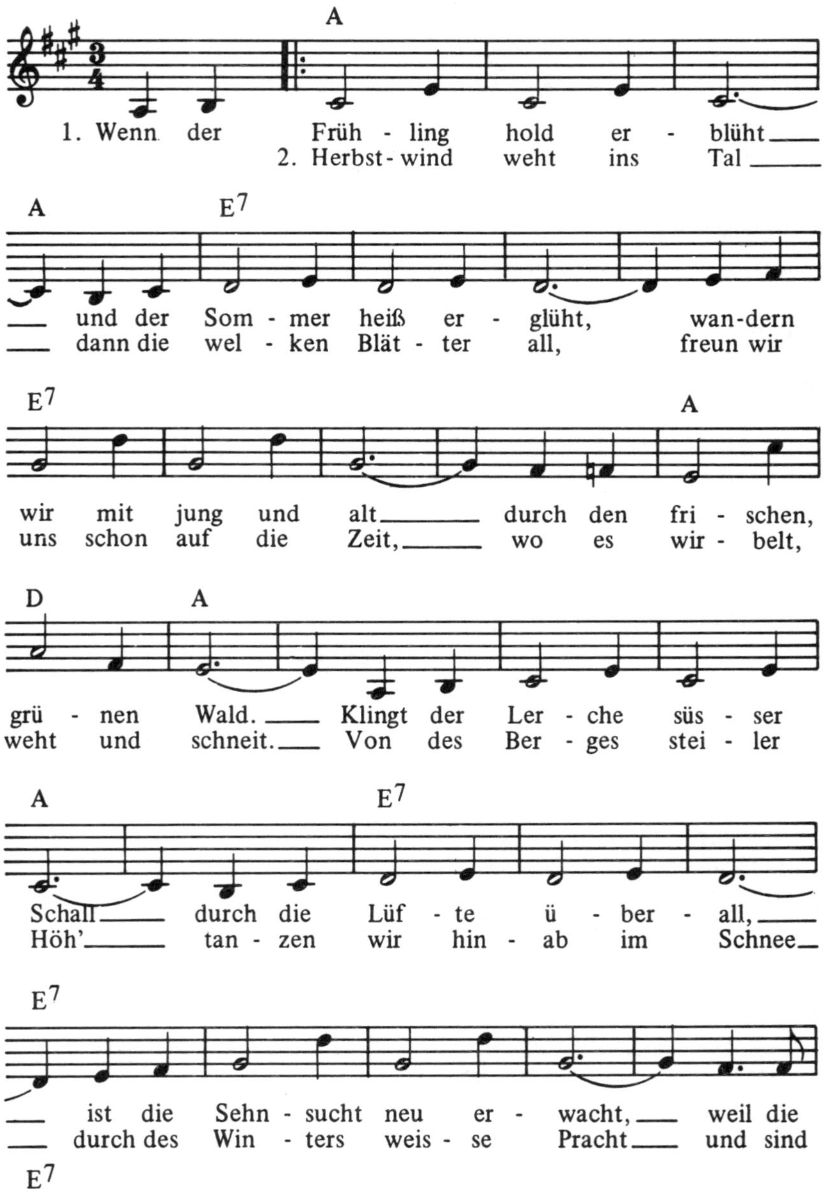

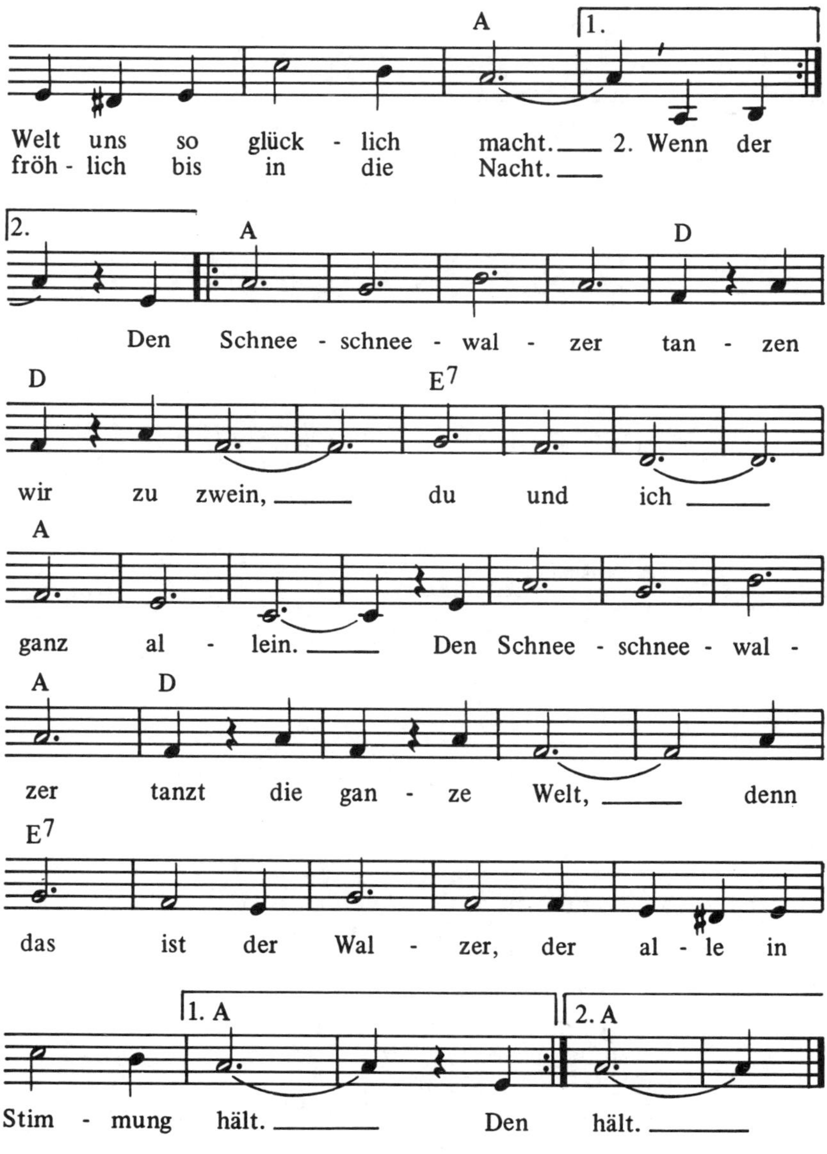

Text: Jo Lunval; Melodie: Karl Schriebl, nach Thomas Koschat.
© 1968 Verlag F.E.C. Leuckart, München

Was muß denn a Skifahrer habn?

2. Was braucht na der Skifahrer no?
Zwoa Steckn in d' Händ
und a Freud', wenn's recht rennt,
dös is halt a Sport, Sapramen t. Juchhe!

3. Was braucht na der Skifahrer no?
A Bindung nach Gschmack
und an Muggl im Gnack
und an noblichten Norweger Frack. Juchhe!

4. Was braucht na der Skifahrer no?
A Windjack, an Hut,
daß der Sturm ihm nix tut,
a Zipfikappn is a recht gut. Juchhe!

5. Was brauch na der Skifahrer no?
Zwoa Trittling, recht stark
und so groß wie a Sarg,
die kosten bloß fünfhundert Mark. Juchhe!

6. Und sonst braucht der Skifahrer nix?
Ja, Handschuh gegn Gfrier
und a Zeitungspapier,
du kannst dir scho denkn, wofür. Juchhe!

7. Was braucht na der Skifahrer no?
Für'n Schnee no a Brill
und a Haserl fürs Gfühl,
doch zwoa oder drei san scho zviel. Juchhe!

8. Und sonst braucht der Skifahrer nix?
Ja, Muskeln von Stahl
und a Glenk wie a Aal,
so geht's über Berg, über Tal. Juchhe!

9. Was macht denn der Skifahrer alls?
An Schroa mit der Lung'
und an bildsaubern Schwung
und wenn er's derpackt, a an Sprung. Juchhe!

10. Und macht sonst der Skifahrer nix?
A Schußfahrt, juchhe!
Und viel Löcher im Schnee,
und wenn ihm nix gschieht, tuat's net weh. Juchhe!

11. Was is für an Skifahrer gut?
A Pfeif, a Tabak,
viel Geld in seinm Sack
und Frohsinn und Liedl an Pack. Juchhe!

12. Was derf denn der Skifahrer net?
In Grabn nei fitzn,
daß d' Spitzn so spritzn,
da kann er na fluchn und schwitzn. Juchhe!

13. Was ghört na dem Skifahrer aufs Grab?
Zwoa Brettl auf'm Stein
und a Edelweiß drein,
so geht er in d' Ewigkeit ein. Juchhe!

Text: Otto Sirl, Melodie: überliefert
© Bergverlag Rudolf Rother, D-85521 Ottobrunn

Aber mei Hans – der kann's!

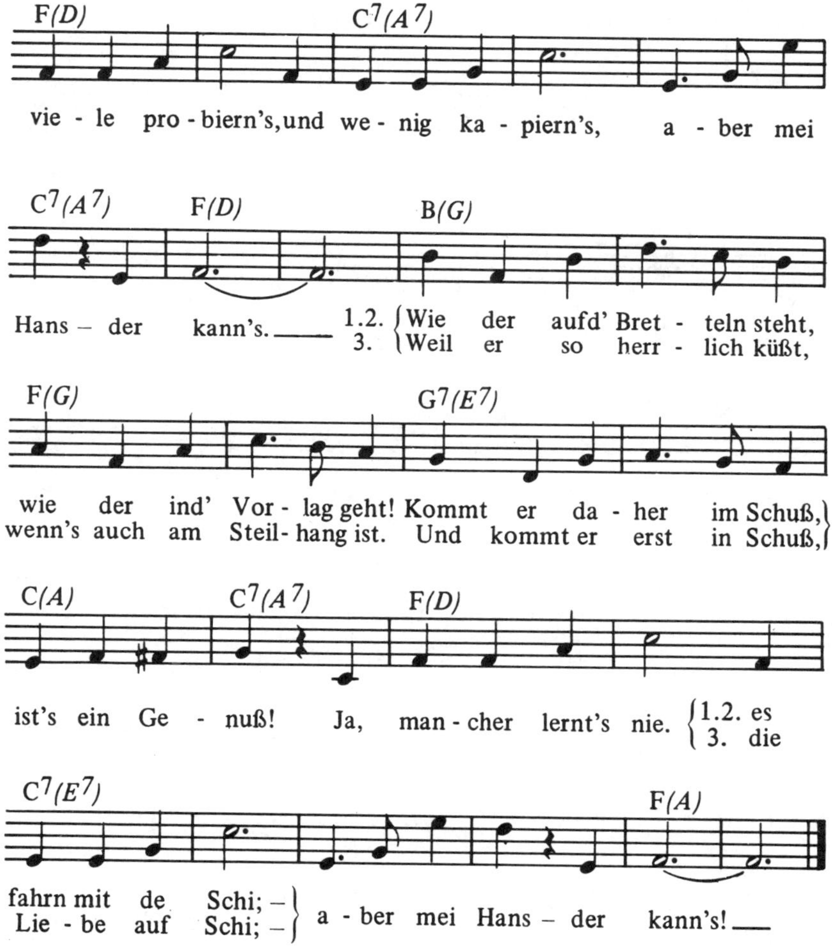

(·) = alternative Tonart D-Dur.

Text: Fred Rauch; Musik: Josef Niessen.
© 1961 by Palma Musikverlag, August Seith KG, München 2

Wohl ist die Welt so groß und weit

(Bozener Bergsteigerlied)
Text: Karl Felderer
© 1963 by Edition Helbling, Innsbruck

2. Wo König Ortler sein Stirn hoch in die Lüfte reckt,
bis zu des Haunolds Alpenreich, das tausend Blumen deckt.
Das ist mein schönes Heimatland, mit seinem schweren Leid,
mit seinen stolzen Bergeshöhn, mit seiner großen Freud . . .

3. Im Frühling wenn's im Tal entlang aus allen Knospen sprießt,
wenn auf dem Schlern im Sonnenhang der Winterschnee zerfließt:
da spür ein eigen Sehnen ich und halt es nicht mehr aus,
es ruft so laut die Heimat mich, ich wandre froh hinaus. Heidi ...

4. Wenn in der Sommersonnwendnacht das Feuer still verglimmt,
weiß jeder, und das Herz ihm lacht, die Kletterzeit beginnt.
Von König Laurins Felsenburg so stolz und kühn gebaut
hab wohl von jeder Zinne oft die Heimat ich geschaut ...

5. Dann kommt mit seiner Herrlichkeit der Herbst ins Land herein,
und alle Keller füllen sich mit Heimatfeuerwein!
Man sitzt beim vollen Glase dann und singt ein frohes Lied,
wenn in des Abends Dämmerschein der Rosengarten glüht. Heidi ...

6. Das Jahr verrinnt, die Zeit vergeht, und leise über Nacht
deckt's Heimatland in Berg und Tal des Winters weiße Pracht.
Zu einem kleinen Hüttlein führt die Spur von meinem Schi
und abends klingt vom Berg ins Tal ganz leis die Melodie: Heidi ...

7. Drum auf und stoßt die Gläser an! Es leb die Heimat mein,
die Berge hoch, das grüne Tal, das Vaterhaus, der Wein!
Und wenn dann einst, so leid mir's tut - mein Lebenslicht erlischt,
freu ich mich, daß der Himmel auch schön wie die Heimat ist!
Heidi...

Wenn ich auf hohem Berge steh'

1. Wenn ich auf hohem Berge steh', wird's mir ums Herz so wohl.
Ich schau hinab ins tiefe Tal, ins schöne Land Tirol.
Vom Felsenkopf die Nebel ziehn, die Sonne scheint ins Gwänd.
Tirolerland, mein Heimatland, dich lieb ich ohne End.

2. Bekümmere mich um kein Verdruß, um Zank und Streit der Welt,
wenn nur nach jedem Büchsenschuß ein Gamsbock niederfällt.
Die Berge sind mein Gotteshaus, der Jodler mein Gebet,
denn droben auf den Bergen hoch der Herrgott selber steht.

3. Und wenn ich einst gestorben bin, so tragt mich hoch hinauf.
Begrabt mich nicht im Tale, sonst steig ich selber nauf.
Ich bin nun mal ein Bergeskind und will es immer sein,
und stimme selbst im Tode noch in einen Jodler ein.

Text mündlich überliefert; Melodie: „Wohl ist die Welt so groß und weit"

La montanara

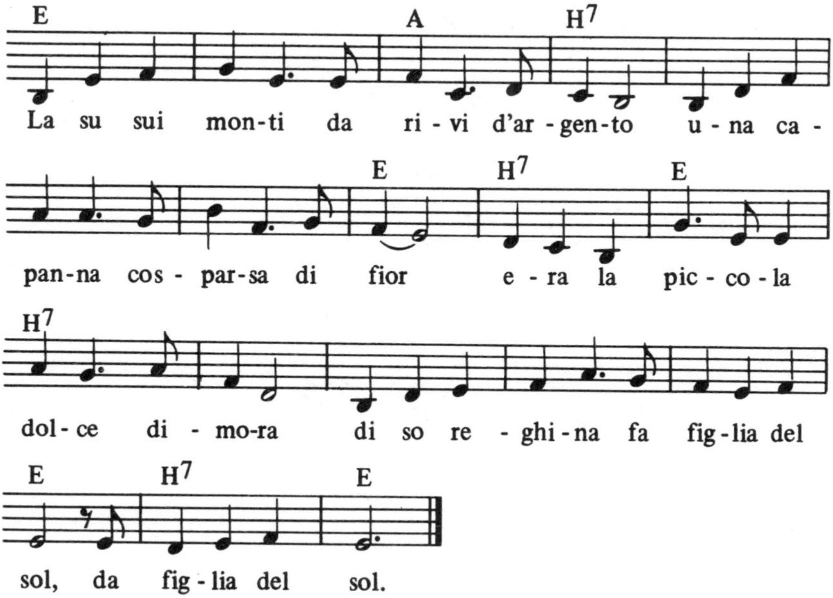

Übersetzung:

Hörst du das Lied der Berge, die Berge, sie grüßen dich.
Hörst du mein Echo schallen und leise verhallen.
Dort wo in blauen Fernen die Welten entschwinden
möcht ich dich wiederfinden, mein unvergeßnes Glück.
Blau strahlt das Firmament, von fern rauscht der Wasserfall
und durch die grünen Tannen bricht silbern das Licht.
Doch meine Sehnsucht brennt im Klang aller Lieder,
laut hallt mein Echo wider, nur du hörst es nicht.
Weit sind die Schwalben gen Süden geflogen
über die ewigen Berge und Täler
und eine Wolke kam einsam gezogen,
doch wart' ich immer vergeblich auf dich, vergeblich auf dich.

Musik und Originaltext: Toni Ortelli, dt. Text: Ralph Maria Siegel
© by Foto Fratelli Pedrotti, Trento/Italy. Für D, A, CH, Benelux, Skandinavien, Finnland: Bosworth GmbH, Köln - Wien.
Mit Genehmigung von Bosworth GmbH, Frechen/Köln.

Wo die Alpenrosen blühn

2. Wo vom Fels die Bächlein springen,
rauschend stürzen in den Schlund,
|: wo die Herdenglocken klingen
zauberhaft im dunklen Grund, :|
|: wo die Alpenrosen blühn... :|

3. Wo die Seen im Felsenschatten
bleicher Mondenschimmer küßt,
|: wo auf sammetweichen Matten
Gams und Gemse sich begrüßt :|
|: wo die Alpenrosen blühn... :|

4. Wo die Waldschlucht widerhallet
muntrer Senner froher Sang,
|: wo das Echo weithin schallet
bei des Alpenhornes Klang, :|
|: wo die Alpenrosen blühn… :|

Text überliefert; Melodie: Franz Abt (1819–1885).

Tirol, Tirol, Tirol

2. Die Wolken ziehn dahin,
sie ziehn auch wieder her,
der Mensch lebt nur einmal
und dann nicht mehr.

3. Hast du den Schatz gekannt,
der längst im Grabe ruht?
Den hab ich mein genannt,
der war mir gut.

4. Hab keine Eltern mehr,
die sind schon längst bei Gott,
kein Bruder, Schwester mehr,
sind alle tot.

5. Wenn ich gestorben bin,
legt mich ins kühle Grab,
wo deutsche Eichen stehn,
legt mich hinab!

Mit Genehmigung von Lausch & Zweigle, Stuttgart

Das Kufsteiner Lied

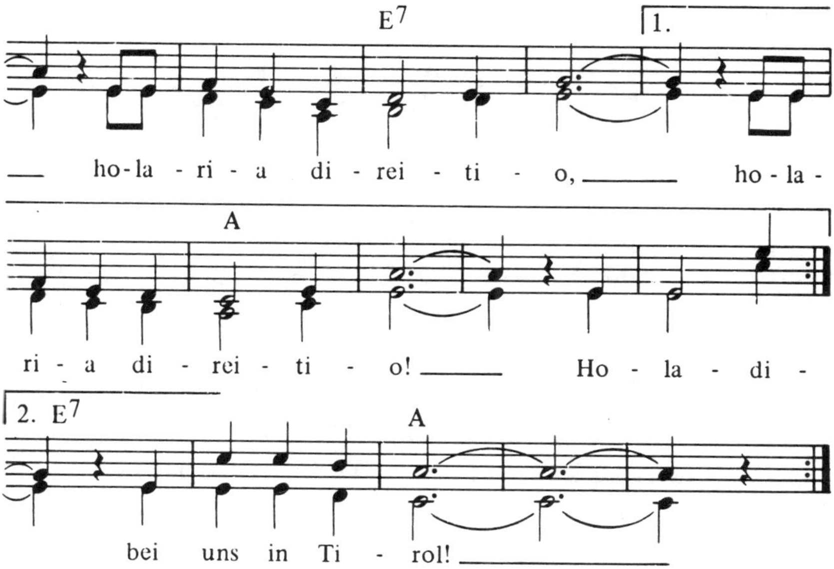

2. Es gibt so vieles, bei uns in Tirol:
Ein guates Weinderl aus Südtirol
und mancher wünscht sich 's möcht immer so sein.
Bei einem Mäderl und an Glaserl Wein,
bei einem Mäderl und an Glaserl Wein.

3. Und ist der Urlaub dann wieder aus
da nimmt man Abschied und fährt nach Haus.
Man denkt an Kufstein, man denkt an Tirol,
mein liebes Städtchen, leb' wohl, leb' wohl,
mein liebes Städtchen, leb' wohl, leb' wohl.

Text und Musik: Karl Ganzer, Bearbeitung des Jodelparts u.
Jodelphonetik: egon l. frauenberger und Franzl Lang
© Abdruck mit freundlicher Genehmigung der edition effel-music,
maria m. frauenberger, münchen

Wendelsteinlied

2. Stehst du auf seinen Höhn und siehst die Sonn aufgehn,
da schlägt dir's Herz so leicht in deiner Brust.
Da haltst es nimmer aus und laßt an Juchzger aus,
vor lauter Seligkeit und lauter Lust.
Dös is die schönste Pracht, die hat der Herrgott gmacht
und fragt's mi, wer er sei, ich sag's euch glei.

Text und Melodie aus Oberbayern

Ich bin der Bub vom Lautertal

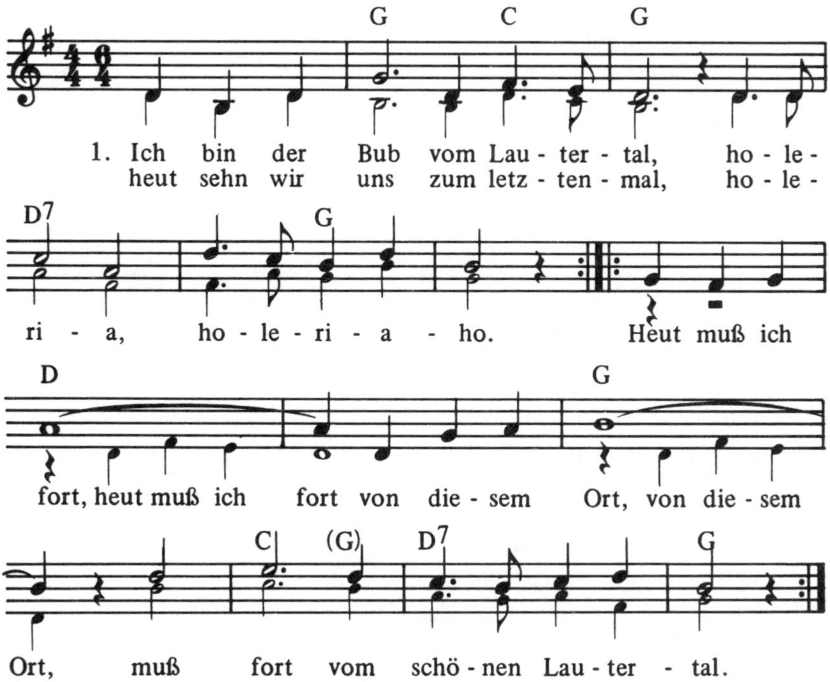

2. Wenn ich auf Bergeshöhen steh,
in meinen Augen Tränen stehn;
dann denk ich oft an diesen Ort,
denk oft ans schöne Lautertal.

3. Und wenn ich einst gestorben bin,
dann trägt man mich zum Friedhof hin;
dann tragt mich fort zu diesem Ort,
tragt mich ins schöne Lautertal.

Volkslied

Mein Steirerland

2. Wo Schalmeienklang früh den Schläfer weckt,
wenn der Nebel noch die Täler deckt;
wo auf schroffem Pfad froh die Rinder ziehn,
wo im Sonnenstrahl die Alpen glühn.
Dieses schöne Land . . .

3. Wo der Gamsbock leicht über Felsen jagt
und der Büchse Knall das Echo weckt,
wo dem Steirer laut jede Scholle sagt;
's is die Erde, die dein Liebstes deckt.
Dieses schöne Land . . .

Volkslied aus der Steiermark

Là-haut sur la montagne

2. Là-haut sur la montagne croula le vieux chalet;
la neige et les rochers s'étaient unis pour l'arracher.
Là-haut sur la montagne croula le vieux chalet.

3. Là-haut sur la montagne quand Jean vint au chalet
pleura de tout son coeur sur les débris de son bonheur.
Là-haut sur la montagne quand Jean vint au chalet.

4. Là-haut sur la montagne l'est un nouveau chalet.
Car Jean, d'un coeur vaillant, l'a reconstruit plus beau qu'avant.
Là-haut sur la montagne l'est un nouveau chalet.

(·) = alternative Tonart E-Dur.

Übersetzung: In den Bergen stand eine alte Hütte, Schnee und Felsbrocken brachten sie zum Einsturz. Doch Jean baute sie wieder auf, und da war sie schöner als vorher.

Volkslied aus Frankreich.
Worte: J. Bovet

Das Schönste auf der Welt

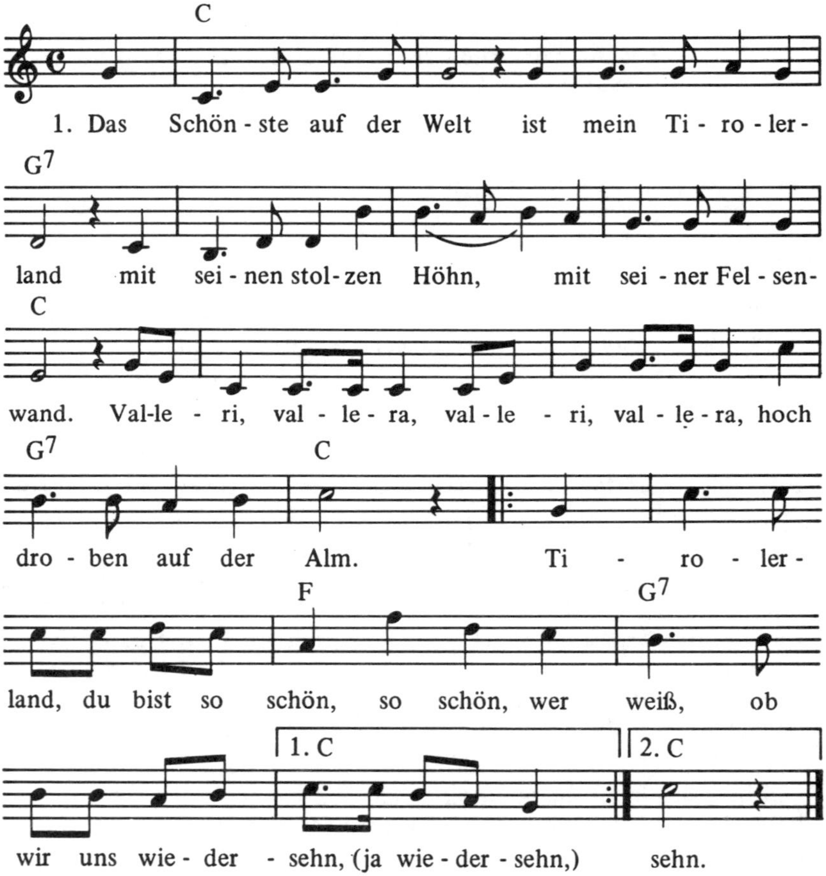

2. Des Morgens in der Früh steig' ich so hoch hinauf,
da geht so wunderschön die liebe Sonne auf. – Vallerie…

3. Des Nachts, wenn alles schläft, nur ich allein bin wach,
dann steig ich hoch hinauf und jag' dem Gemsbock nach. –
Vallerie . . .

4. Den Schatz, den ich nicht mag, den seh ich alle Tag,
und der mein Herz erfreut, der ist so weit. – Vallerie . . .

5. Wenn ich gestorben bin, so tragt mich hoch hinauf,
begrabt ihr mich im Tal, dann steig ich selber 'nauf. – Vallerie . . .

Text und Melodie aus Tirol

Das König-Ludwig-Lied

2. Allzu früh mußt er sich trennen, fort von seinem Lieblingsplatz,
ja, Neuschwanstein, stolze Feste, warst des Königs liebster Schatz!

3. Allzu früh muß er von dannen, man nahm fort ihn mit Gewalt,
wie Barbarn habn's dich behandelt, fortgeführet durch den Wald.

4. Mit Bandasch und Kloriformen traten sie behendig auf.
Und dein Schloß mußt du verlassen, und kommst nimmermehr hinauf!

5. Nach Schloß Berg habn's dich gefahren, in der letzten Lebensnacht.
Da wurdst du zum Tod verurteilt, noch in derselben grauen Nacht.

6. Und geheime Meuchelmörder, deren Namen man nicht kennt,
haben ihn in See neing'steßn, indem sie ihn von hint angrennt.

7. Lebe wohl, du guter König, in dem kühlen Grabesschoß,
von dort unten kannst du nie mehr herauf in dein stolzes Schloß.

(·) = alternative Tonart F-Dur.

Text und Melodie aus Bayern

Der Seckauer Jodler

Jodler aus Oberbayern (Mangfallgebirge).

's Loisachtal

2. Die Buam die habn an frischn Mut,
die Maderln sind so herzli gut.
Die Lieb und Treu, sie stirbt net aus,
sie ist im Loisachtal zu Haus.

3. Fahrn wir auf München mit im Floß,
's geht viel schneller wia mit 'm Roß;
und beim Steyrer kehrn wir ein,
da gibt's a Bier und an gutn Wein.

4. Wenn's dir im Loisachtal net gfallt,
mei Liaba, nacha druckst di bald;
gfallt's dir, so gib dei Hand und schlag ei,
sollst auch a Loisachtaler sei.

Volkslied aus Bayern.

Wie glühn die hohen Firne dort

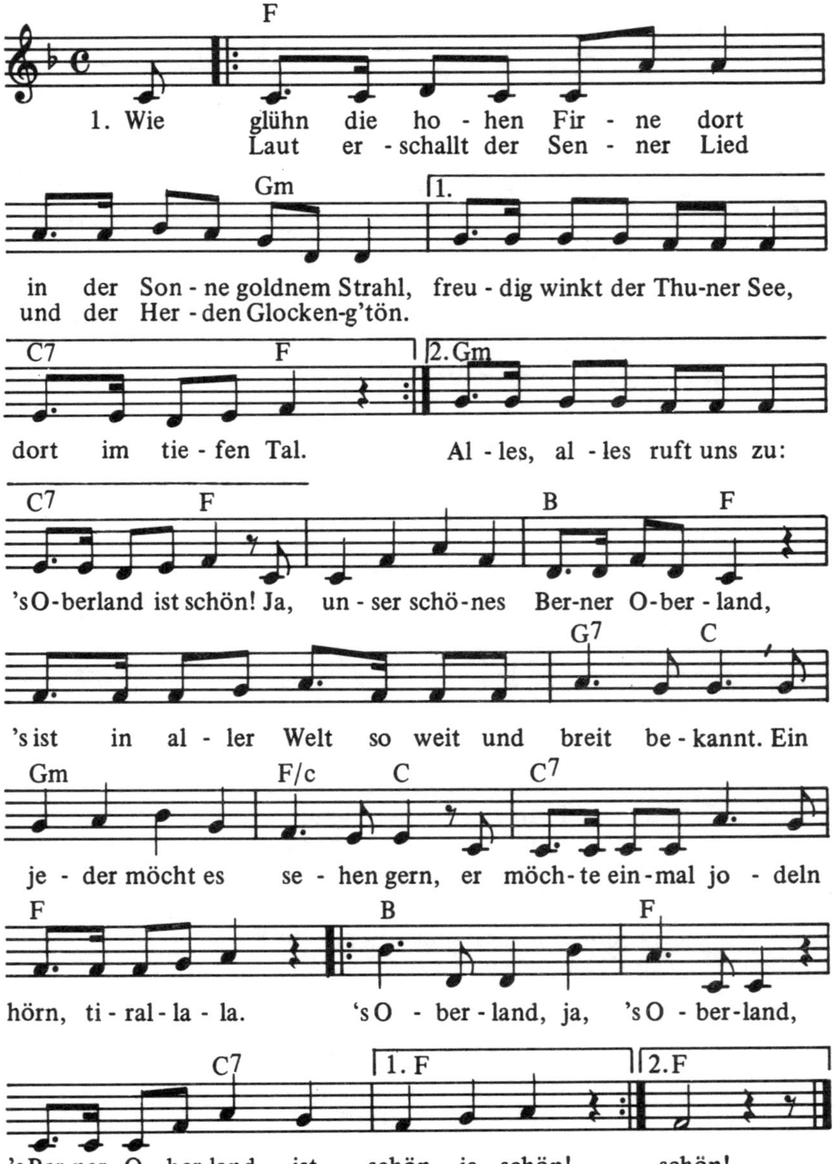

2. Wie rauscht so kühn der Wasserfall durch die enge Felsenkluft.
Es braust und zischt am Felsenriff, schäumend durch die Luft.
Lieblich fließt der klare Bach von den sanften Bergeshöhn.
Leise murmelnd ruft er aus: 's Oberland ist schön;
leise murmelnd ruft er aus: 's Oberland ist schön.
Ja unser schönes Berner Oberland . . .

3. Bei Interlaken, Grindelwald, Eiger, Mönch und Jungfrau stehn.
Lauterbrunnen, Blümlisalp, alles dort zu sehn.
Wo der Sturzbach tosend braust, wo das Alpenglühn erglüht,
wo das zarte Edelweiß hoch am Fels erblüht,
wo das zarte Edelweiß hoch am Fels erblüht.
Ja unser schönes Berner Oberland . . .

Text und Melodie aus dem Berner Oberland (Schweiz).

Hätt i di, hätt i di

Jodler-Kanon aus dem Salzburger Land

Böhmerwald-Lied

2. O holde Kindeszeit, noch einmal kehr zurück,
wo spielend ich genoß das allerhöchste Glück,
wo ich am Vaterhaus auf grüner Wiese stand
und weithin schaute auf mein Vaterland.
Es war im Böhmerwald . . .

3. Nur einmal noch, o Herr, laß mich die Heimat sehn,
den schönen Böhmerwald, die Täler und die Höhn;
dann kehr ich gern zurück und rufe freudig aus:
„Behüt dich, Böhmerwald, ich bleib zu Haus."
Es war im Böhmerwald . . .

Text: Andreas Hartauer; Melodie: Jakob Eduard Schmölzer (18. Jh.).

Der Oberaudorfer Jodler

Jodler aus dem Unterinntal.

Zillertal, du bist mei' Freud

2. Im Zillertal, da hat's mir gfalln,
ja bei der Sennrin auf der Alm.
Buama laßt's euch sagn, wanns wollts Madln habn,
gehts ins Zillertal, kriegts es nach der Wahl.
Im Zillertal, da hats mir gfalln.

3. Achental, du bist mei Lebn,
da liegt der See so schön danebn.
Da gibts Fahnen für die Schifflan,
da gibts Angln für Fischlan;
Achental, du bist mei Lebn.

4. Brixental, du bist mei Lust,
die hohe Salv hebt jede Brust.
Schönres kann man nirgends schauen
als von dir die Berg und Auen;
Brixental, du bist mei Lust!

Tiroler Volkslied

Der Weißensteiner Jodler

Jodler aus Oberösterreich.

Der Sommer is außi

2. Ihr Steinwänd, ihr Gamsberg, pfüat euch Gott all mitnand,
ihr tausend schöne Blümerln, so lieb und bekannt!
Mei Hütterl, mei kloans, ja, kimmt ma net aus meim Sinn, ja,
wo i oftmals so trauri, drauf glückli gwest bin, ja,
wo i oftmals so trauri, drauf glückli gwest bin.

3. So hart wie ma heut is, is ma a no nie gschehn,
als sollt i mei Alma heut zum letztn mal sehn.
Und müßt i gar bald schon zur Erd und zur Ruh, ja,
so deckt's mi mit Feldstoan und Almblümerln zu, ja,
so deckt's mi mit Feldstoan und Almblümerln zu.

Volkslied aus Bayern und Nordtirol.

So scheiden wir mit Sang und Klang

2. Wir singen auf dem Heimweg noch
ein Lied der Dankbarkeit.
Lad ein wie heut uns wieder
auf Laubesduft und Lieder
zur schönen Maienzeit,
zur schönen Maienzeit!

3. Schaut hin, von fern noch hört's der Wald
in seiner Abendruh;
die Wipfel möcht er neigen,
er rauschet mit den Zweigen.
Lebt wohl! ruft er uns zu,
lebt wohl! ruft er uns zu.

Text und Melodie: H. Hoffmann von Fallersleben (1798 – 1874).

Der Pustertaler Jodler

Jodler aus Südtirol

Von Sennerinnen und Wildschützen

Auf den Almen

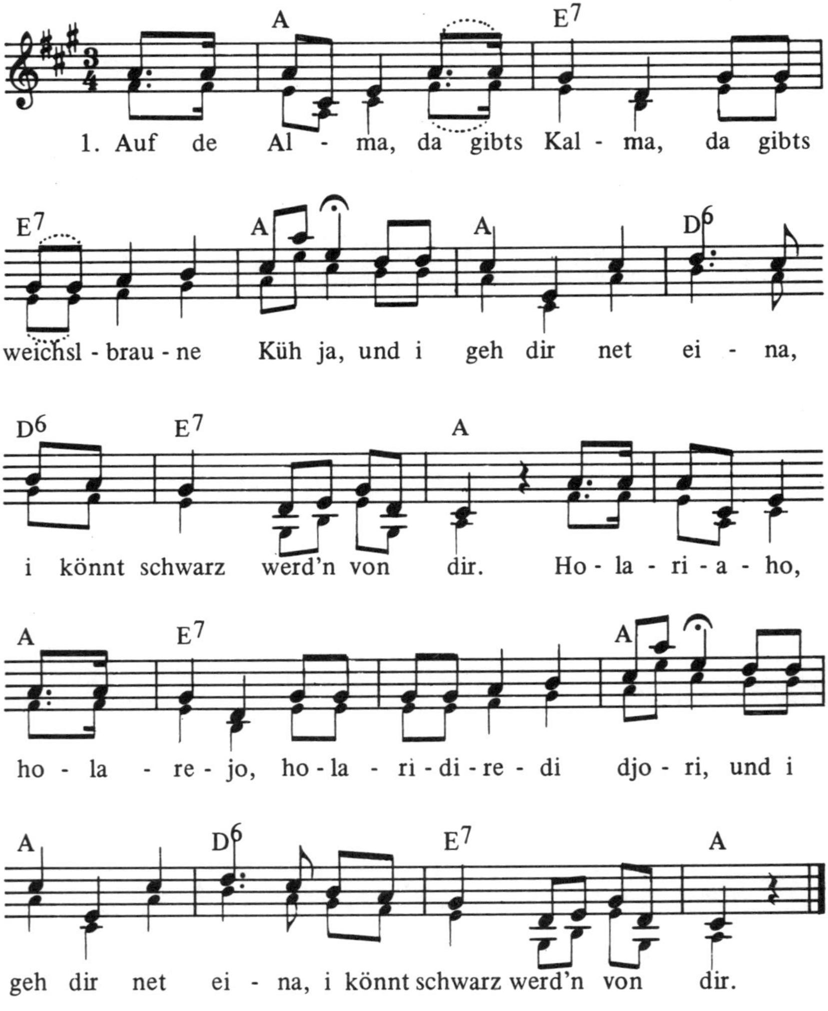

2. Aber Jager, i sag dir's,
wannst vorbei gehst, kehrst zu, ja,
und wannst meinst, daß i schlaf,
na wirf a Steindl auf mei Dach.

3. Und die Sennerin hat gschlafn,
hat 's Steindl überhört,
und wie s' munter is wordn,
na hat's halt gjammert und grert.

Kalma = *Kälber;* eina = *hinein;* grert = *geweint*

Text und Melodie aus Nordtirol; in ähnlicher Form auch aus dem Pongau und dem Pustertal.

Wann du durchgehst durchs Tal

2. Wann i wischpl und schrei,
und du hörst mi net glei,
so muass i verstehn,
daß i weiter soll gehn,
hola reiduli . . .

3. Und i hör nix mehr wischpln,
i hör nix mehr schrein,
der Bua wird schon längst
über Granitzn sei,
hola reiduli . . .

Text und Melodie aus Kärnten.

Bei mein Dirndl ihrm Fensterl

2. Drum schleich i mi eini beim Mondschein zu ihr,
sie druckt mi ans Herzerl, sagt freundli zu mir:
„Ja weilst nur grad da bist, recht hart is mir wordn,
i glaub, du hast an Weg ganz verlorn.

3. Und i kann ihr net feind sein, dem Wurzei, dem kloan,
weil's allwei tuat woan, wann i sag, i geh hoam,
drum bleibn ma beisamm'n, so lang's uns halt gfreut,
bis der Guggu und's Rotkröpferl schreit.

Text und Melodie aus dem Pinzgau.

Kimmt de groß Liab daher

2. Mirzale, Moizale! Hörst mi net rüafn?
Eini beim Fensterle, ko i net schliafn!

3. Mirzale, Moizale, sei net so zwida!
Leich ma dei Pölsterle, kriagst as scho wieda!

4. Mirzale, Moizale, Stutzerl, du kloans:
Aufs Jahr werd gheirat, Geld brauch ma koans!

Mirzale, Moizale = verallgemeinernder Kosename „Mariechen",
Stutzerl = „kleiner Stumpen",
Kosewort für kleine Mädchen.

Text und Melodie aus Oberbayern.

Rosenstock, Holderblüh

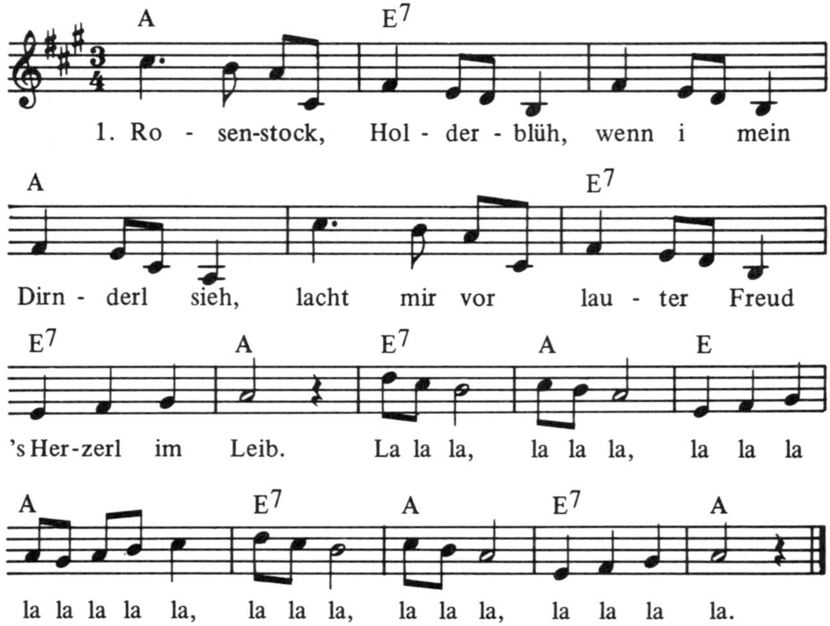

2. G'sichterl wie Milch und Blut,
's Dirnderl ist gar so gut,
um und um dockerlnett,
wenn i 's nur hätt'!

3. Armerl so kugelrund,
Lippen so frisch und gsund,
Füßerl, so hurtig gschwind,
tanzt wie der Wind.

4. Wenn i ins dunkelblau
funkelhell Äugerl schau,
mein i, i schau in mein
Himmelreich nein.

Volkslied aus Schwaben

Du, du liegst mir im Herzen

2. So, so wie ich dich liebe,
so, so liebe auch mich!
Die, die zärtlichsten Triebe
fühl ich nur einzig für dich.

3. Doch, doch darf ich dir trauen,
dir, dir mit leichtem Sinn?
Du, du kannst auf mich bauen;
weißt ja, wie gut ich dir bin!

4. Und, und wann in der Ferne
mir, mir dein Bild erscheint;
dann, dann wünsch ich so gerne,
daß uns die Liebe vereint.

Volkslied, in ganz Deutschland verbreitet; um 1830 entstanden.

Von meinem Bergli

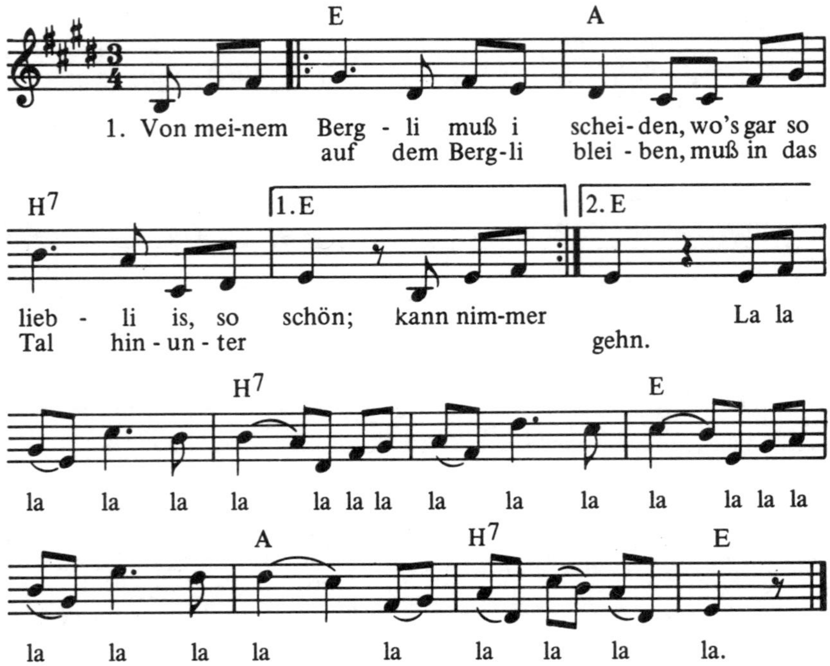

2. Behüt di Gott, mei liebe Sennrin,
gib mir noch amal die Hand,
i werd di lang jetzt nimmer sehen,
ach, ich muß ins ferne Land.

3. I bitt di schön, geh, laß das Weine,
's kann ja doch nun net anders sein,
bis übers Jahr, da komm i wieder,
da bin i ganz gewiß dann dein.

Volkslied aus Tirol.

Bei der Lindn

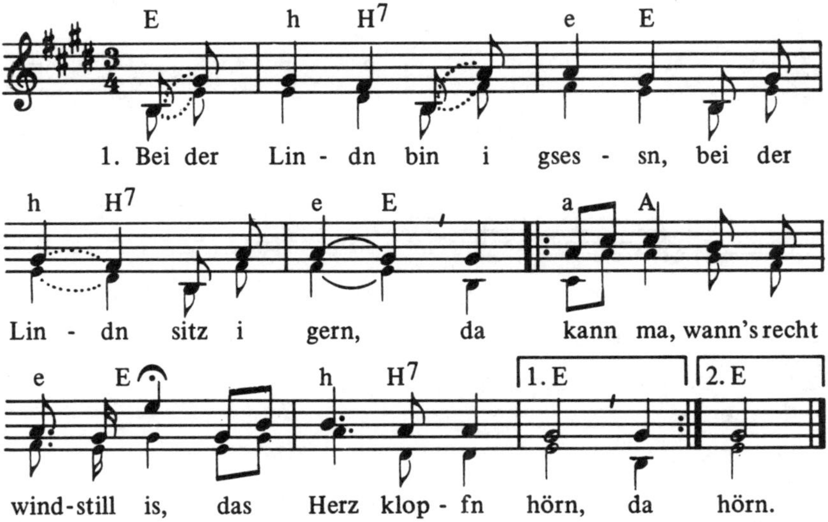

2. Von der Seitn von der Leitn,
kimmt a schöns Dirndl her,
|: hat's Fürta auf der Seitn
und schaut kloaverzwickt her. :|

3. Jetzt möcht i halt wissn,
soll i bleibn, soll i gehn,
|: des Dirndl is so liab
und die Welt is so schön! :|

Auch der folgende Text ist überliefert:
2. Von der Seitn, von der Leitn,
kimmt a schöns Büable her,
|: hat's Hüatl auf der Seitn
und schaut kloaverzwickt her. :|

3. Jetzt möcht i halt wissn,
soll i bleibn, soll i gehn,
|: des Büable is so liab
und die Welt is so schön! :|

Fürta = *Fürtuch, Schürze*
kloaverzwickt = *schelmisch, listig*

Aus der Neckheimischen Sammlung „222 Kärntner Lieder“

Auf der Alm, da gibt's koa Sünd

2. Als ich jüngst auf steilem Pfad
ihrem Paradies genaht,
trat sie flink zu mir heraus,
bot zur Herberg mir ihr Haus.
Fragt nicht lang: Was tust, allhier?
sondern setzte sich zu mir,
sang ihr Liedchen weich und lind:
Auf der Alm, da gibts koa Sünd!

3. Und als ich dann von ihr schied,
klang von fern mir noch ihr Lied,
und zugleich mit Schmerz und Lust
trug ich's bei mir unbewußt.
Und seitdem, wo ich nur bin,
schwebt mir vor die Sennerin,
hör sie rufen: Komm geschwind!
Auf der Alm, da gibt's koa Sünd!

(·) = alternative Tonart E-Dur.

Volkslied aus Tirol.

Unsre alte Lies

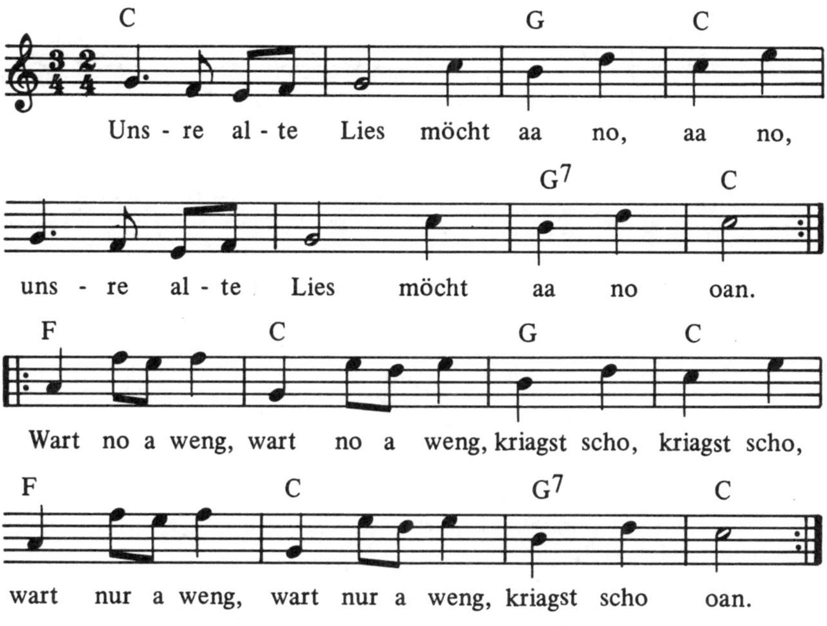

Zwiefacher aus Oberbayern.

Zitter net a so, tu net a so

2. Siehst es denn net, merkst es denn net,
daß ich krank bin, krank bin,
siehst es denn net, merkst es denn net,
daß ich krank bin?
O du liabs Veidele, wär i dei Weibele,
das wär die, das wär die best Medizin.

3. Ja i siehs, ja i merk's, daß du krank bist,
ja i siehs, ja i merk's, daß du krank bist,
o du liabs Weibele, wart nur a Zeitele,
allernächst, allernächst heiratn wir schon.

Volkslied aus Bayern und Tirol.

Das Edelweiß

2. Das Dirndl sagt zu seinem Bubn:
„Das Blümerl hätt ich gern!
Geh, bring mir so ein Sträußerl her,
mit solchen weißen Stern'!"

3. Da geht der Bub das Sträußerl holn
im selben Augenblick.
Der Abend naht, der Morgen graut,
der Bub kehrt nicht zurück.

4. Er liegt verlassen, ganz allein
an steiler Felsenwand,
das Edelweiß, so blutig rot,
hält fest er in der Hand.

5. Die Burschen tragen ihn ganz sacht
wohl in das Tal hinab
und legen ihm ein Sträußerl schön
von Edelweiß aufs Grab.

6. Und wenn des Abends tief im Tal,
die Abendglocke läut,
dann kniet das Dirndl an seim Grab:
Hier liegt mein einzge Freud.

(·) = alternative Tonart E-Dur.

Volkslied aus dem Alpenland.

Almenrausch

2. Enzian, Enzian, bist a schöns Blümerl,
Enzian, Enzian, blühst so schön blau.
Blau ist die Treue, und treu war mein armer Bub,
blau warn die Augen, und treu war sein Gschau.
Wenn i so vor dir steh, tut mir mein Herz so weh!
Enzian, Enzian, blühst so schön blau.

3. Edelweiß, Edelweiß, bist a schöns Blümerl,
Edelweiß, Edelweiß, blühst so schön weiß.
Weiß ist der Schnee, und so weiß war mein armer Bub,
weiß warn die Lippen, die Wangen wie Eis.
Wenn i so vor dir steh, tut mir mein Herz so weh!
Edelweiß, Edelweiß, blühst so schön weiß.

Volkslied aus Tirol, mündl. überliefert.

Von der hohen Alm

2. Und du weißt ja meine Hüttn
und du kennst ja meine Küh, ja!
Auf'm Fensterl liegt der Schlüssl,
geh, komm eini zu mir.

3. Bhüt di Gott, du schöne Hüttn,
bhüt di Gott, du schöne Alm, ja!
Bhüt di Gott, du saubers Dirndl
hast mir narrisch gut gfalln.

Volkslied aus Salzburg und Tirol.

Da droben auf jenem Berge

2. Dann folg ich der weidenden Herde,
mein Hündchen bewahret mir sie;
ich bin herunter gekommen
und weiß doch selber nicht wie.

3. Da stehet von schönen Blumen
die ganze Wiese so voll;
ich breche sie, ohne zu wissen,
wem ich sie geben soll

4. Und Regen, Sturm und Gewitter
verpass ich unter dem Baum.
Die Türe dort bleibet verschlossen;
doch alles ist leider ein Traum.

5. Es stehet ein Regenbogen
wohl über jenem Haus!
Sie aber ist weggezogen,
und weit in das Land hinaus.

6. Hinaus in das Land und weiter,
vielleicht gar über die See,
vorüber, ihr Schafe, vorüber!
Dem Schäfer ist gar so weh.

Text von Johann Wolfgang von Goethe zu einer alten Volksweise.

Und in dem Schneegebirge

2. Ich hab daraus getrunken
wohl manchen kühlen Trunk.
|: Ich bin nicht alt geworden, :|
ich bin noch allzeit jung.

3. „Ade, mein Schatz, ich scheide,
ade mein Schätzelein!"
|: „Wann kommst du aber wieder, :|
Herzallerliebster mein?"

4. „Wenn's schneiet rote Rosen
und regnet kühlen Wein.
|: Ade, mein Schatz, ich scheide, :|
ade, mein Schätzelein!"

5. „Es schneit ja keine Rosen
und regnet keinen Wein,
|: so kommst du auch nicht wieder, :|
Herzallerliebster mein!"

Text und Melodie aus Schlesien

I bin a Steirer Bua

2. Wenn i auf d' Alm 'naufgeh
im feschen Steirer G'wand,
grün eing'faßt ist der Rock,
so tragt man's in mei'm Land,
an selber g'schnitzten Stock
in meiner rechten Hand,
an Stutzen auch dazu,
so san mer's g'wohnt.

3. Wenn i zum Dirndl geh
und steh vor ihrem Haus,
da lacht's mi freundlich an
und kommt zu mir heraus.
Sie fallt mir um den Hals
und sagt mir leis ins Ohr:
Du bist mein liaba,
liaba Steirer Bua.

Volkslied aus der Steiermark

Steig ich den Berg hinauf

2. Geh ich wohl auf die Jagd früh in die Berge,
seh ich den Auerhahn dort im Gebüsch,
ich laß mich nieder- niederfalln und meine Büchse knallt
und als ich auf- ja aufgeschaut, war er schon tot.

3. Kennst du den Auerhahn, sein schön Gefieder?
Kennst du den Auerhahn, sein schönen Schweif?
Ja, so 'ne Auer- Auerfeder trägt ein jeder gern,
sogar die feinsten Herrn und auch mein Stern.

4. Steig ich den Berg hinauf, das macht mir Freude,
mein Mädel hab ich gern, das macht mir Lust,
sie drückt und faßt, ja faßt zum Abschied mir die Hände,
dieweil, ja weil ich jetzt von ihr fortgehen muß.

Text und Melodie mündlich überliefert.

Blau blüht der Enzian

F C7
hi - a, hol - la di hol - la di ho.
C7 F
Hol - la hi - a, hi - a, hol - la di hol - la di
F F7
ho. Blau - e Blu - men dann am
In der drit - ten Hüt - te
F7 B
Weg - rand stehn, ja stehn; und das
hab ich sie ge - küsst, kei - ner
C7 F/c C7 F
schwei - zer Ma - del sang so schön!
weiß, was dann ge - sche - hen ist!
C F7 B F
Ja, ja, so blau, blau, blau blüht der En - zi - an,
C7 F F7
wenn beim Al - pen - glühn wir uns wie - der - sehn, mit ih - ren

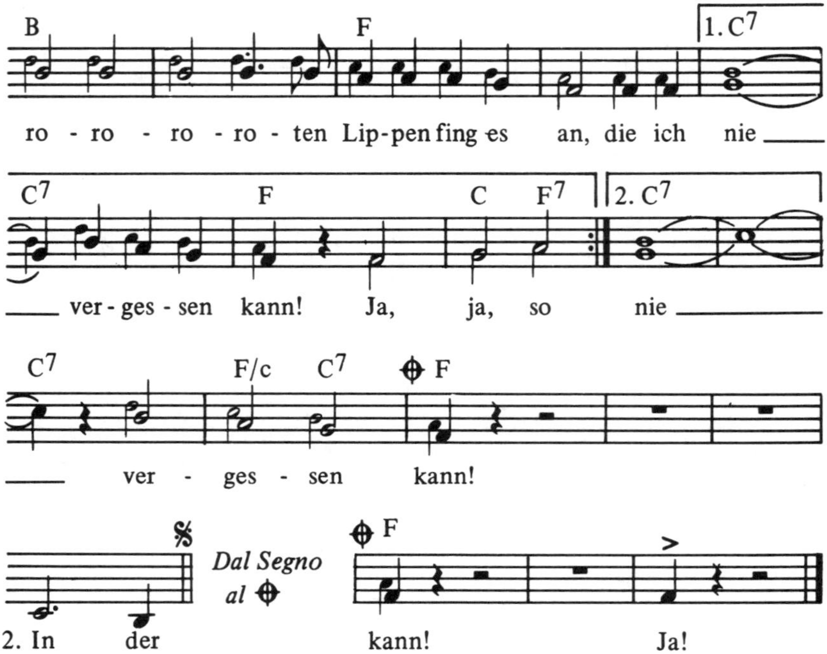

Musik und Text: Adolf von Kleebsattel
© 1972 montana

Schwarzbraun ist die Haselnuß

2. ’s Madl hat mir a Busserl geben,
hat mich schwer gekränkt,
hab ihrs aber wiedergeben,
mag ja nichts geschenkt.

3. ’s Madl hat nicht Hof noch Haus,
’s Madl hat kein Geld,
doch ich geb es nicht heraus
für alles in der Welt.

4. Schwarzbraun ist die Haselnuß,
schwarzbraun bin auch ich,
wenn ich eine heiraten tu,
so muß sie sein wie ich.

Text und Melodie aus dem 18. Jahrhundert.

Hoch drobn auf dem Berg

Musik: Franz Grothe, Text: Ernst Marischka

© 1941 by Wiener Bohème Verlag GmbH
(BMG UFA Musikverlage), München

La Pastorella
(Die Schäferin vom Val Gardena)

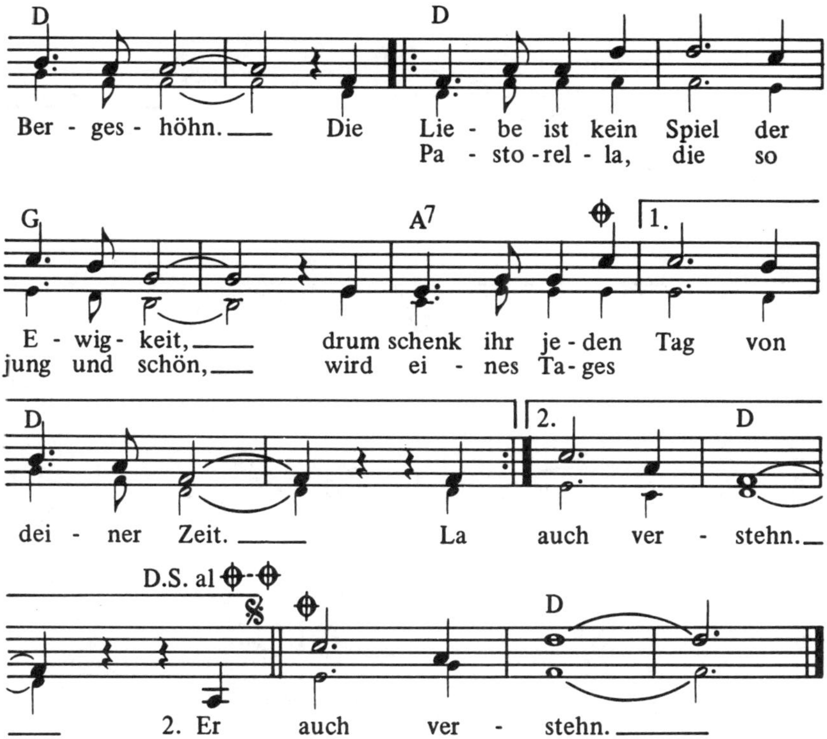

Musik: Walter Geiger, Text: Robert Jung
© 1982 montana

Übers Loaterl

2. Der erste steht drobn auf der Loata,
der zweite steht hinter der Tür,
der dritte lehnt drin als a broata[6]
und schwatzt ihr vom Heiratn für.
Mußt halt a wengerl . . .

3. Der eine geht her übers Wieserl,
der andre geht her übers Feld,
der ein ist der Schöne a bisserl,
der andre hat a bisserl mehr Geld.
Mußt halt a wengerl . . .

1) = Leiterl
2) = hinauf
3) = Gehweg
4) = ein bißchen
5) = nichts
6) = breitbeinig

Text und Melodie mündlich überliefert (verbreitet in Oberbayern, Salzburger Land und Tirol).

Der Fensterstockhias

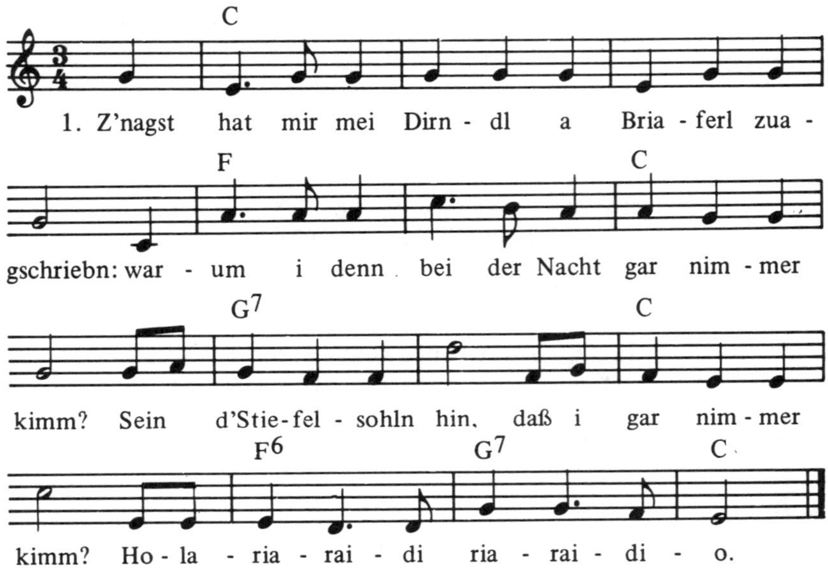

2. Hab's Briaferl aufgmacht, hat mirs Herz im Leib glacht,
na bin i glei furt bei der stockfinstern Nacht,
bei der stockfinstern Nacht,
daß d' Kniascheibn ham kracht! Holariadi . . .

3. Und wia i beim Bauern geh umma ums Eck,
da san die Höllsakara no net im Bett –
jetzt des is a Gfrett,
san de no net im Bett! Holariadi . . .

4. Und wia(r) i so wart, da hat's mi recht gfrorn,
in d' Händ und in d' Füaß, in d' Nasn und d' Ohrn,
ganz kalt is ma worn,
kalt hint und vorn. Holariadi . . .

5. Na fang i beim Fensterl mei Rasplwerk o,
's Dirndl hats ghört und hats Fensterl aufto.
„Steig auffa zu mia,
du woaßt as scho wia!" Holariadi . . .

6. Aft bin i beim Fensterln halt einagschloffn,
hab d' Schuah net auszogn, die ham tuscht auf'm Bodn,
die Luadern die grobn,
im obern Stock drobn. Holariadi . . .

7. Kaum bin i a Zeitl beim Mensch drinna glegn,
da kimmt scho der Bauer mitm Ochsenzeam zwegn,
mitm Ochsenzeam zwegn,
und i bin so guat glegn! Holariadi . . .

8. Und hat a glei richti unter d' Hüll einigschaut
und hat mi recht saggrisch am Arsch auffighaut,
am Arsch auffighaut.
Bua, da hab i gschaut! Holariadi . . .

9. Da gibt mir mei Dirndl den heilsamen Rat:
„Steig außi beim Fenster, bei der Tür is's scho zspat!"
I dank für den Rat,
bei der Tür wärs scho zspat. Holariadi . . .

10. Und wia i beim Fenster bin außakrocha,
da is mir der Fensterstock abibrocha,
der Kreuzhöllsakara,
is abibrocha! Holariadi . . .

11. Da schreit scho der Bauer: „Geh, Hiasl, hoho!
Geh, laß mir doch dengerscht mein Fensterstock då!
Du kannst'n net braucha
und mir gang er a(b)!" Holariadi . . .

12. „I liaß'n scho da, wann i drausschliafn kunnt,
du damischer Bauer, er waar dir vergunnt!
ja, der waar dir vergunnt,
der oachene Hund!" Holariadi . . .

13. Wia i hoamkemma bin, nimm i d' Hack und Zepin,
hab a ganze Stund garbat, bis i rauskemma bin,
bis i rauskemma bi(n),
aus dem Höllsakradi! Holariadi . . .

14. Wenns an jedn so gangat, wias mir is ganga,
da gang bald koa Bua mehr in d' Mentschakamma,
zum Flöh zsammafanga,
mit'm Denglhamma! Holariadi . . .

Zepin = *krummschnäbelige Holzhackerhacke*

Text und Melodie aus dem Salzachgau.

Der Hintertupfer Bene

2. Und er schleppt die lange Loater,
wie sie schleppn kann kein zwoater,
lehnt sie an die Mauer oni,
grad als wärs a Makkaroni.

3. Als er sie fast hat erkraxlt,
kommt der Hiasl angestaxlt
schmeißt die lange Loater um
und der Bene fallt in d' Odelgrubn.

4. Und es kost ihm viele Mühe,
rauszuschwimmen aus der Brühe,
doch es ist ihm nicht geglücket,
ein Kuhfladen hat ihn ersticket.

5. Die Moral der Gschicht, vernehmt sie:
Seid's auf d' Madln net so bremsi!
Sonst geht's euch als wie dem Hintertupfer Buam
und ersauft's in einer Odelgruam.

Text aus Oberbayern; Melodie nach Fréderic Chopin(!)

Das Gams im Gebirg

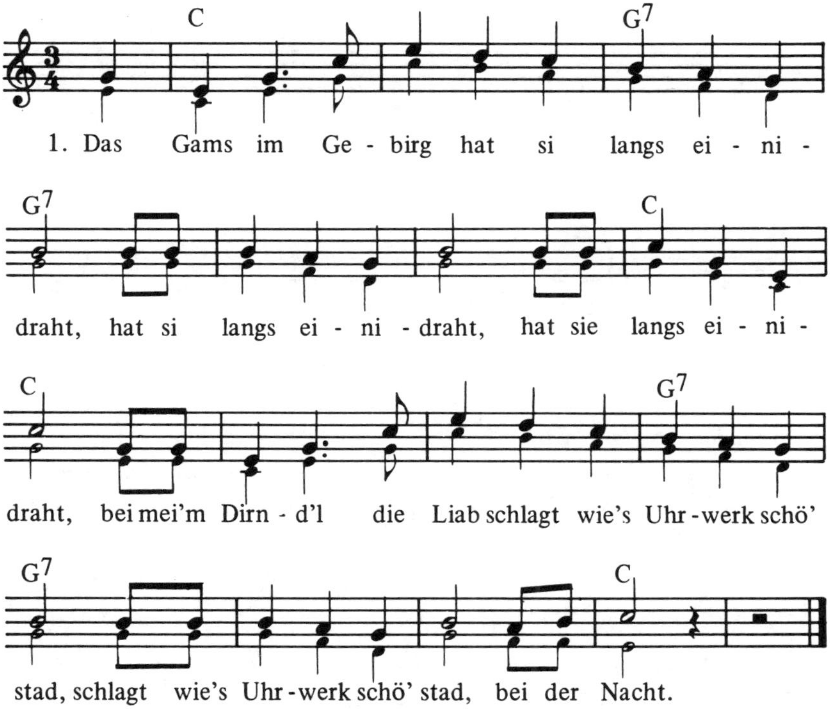

2. Und s' Gams im Gebirg
|: hat an Bart, an gspitzt-n, :|
hat an Bart, an gspitzt-n,
und die lustigstn Buam
|: san die Wildpretschütz-n :|
– bei der Nacht!

3. Und 's Gams im Gebirg
|: hat scho abapfiff-n :|
hat scho abapfiff-n:
Wanns a Bleikügerl habts
|: tuats mas auffaschick-n! :|
– bei der Nacht!

4. Und 's Gams im Gebirg
|: hat an Arsch, an weiß-n, :|
hat an Arsch, an weiß-n,
wia d' Madln am Samstag,
|: wanns d' Pfoad wegschmeiß-n :|
– bei der Nacht!

5. Und 's Gams im Gebirg
|: tuat an Schuß nit scheuch-n, :|
tuat an Schuß nit scheuch-n,
und mei Deandl im Bett
|: tuat aa nix dergleich-n! :|
– bei der Nacht!

Text und Melodie aus Kärnten.

Ich bin ein freier Wildbretschütz

2. So weit der blaue Himmel reicht,
gehört mir alle Pirsch,
auf Fuchs und Has und Haselhuhn,
auf Rehbock oder Hirsch.

3. Doch weiß ich ein feins Mägdelein,
auf das ich lieber pirsch,
viel lieber als auf Has und Huhn,
auf Rehbock oder Hirsch.

4. Und daß sie einem andern ghört,
macht keine Sorgen mir.
Ich bin ein freier Wildbretschütz
und hab ein weit Revier.

Text: Hermann Löns (1866–1914); Melodie: Volksweise.

Das Jennerwein-Lied

2. Auf hartem Fels hat er sein Blut vergossen,
und auf dem Bauche liegend fand man ihn;
von hinten war er angeschossen,
zerschmettert war sein Unterkinn.

3. Du feiger Jäger, das ist eine Schande
und bringet dir gewiß kein Ehrenkreuz;
er fiel gar nicht im off'nen Kampfe,
der Schuß von hinten her beweist's.

4. Man brachte ihn ins Tal und auf den Wagen,
bei finstrer Nacht ging es sogleich noch fort,
begleitet von den Kameraden
nach Schliersee, seinem Lieblingsort.

5. Dort ruht er sanft im Grabe wie ein jeder
und wartet stille auf den Jüngsten Tag.
Dann zeigt uns Jennerwein den Jäger,
der ihn von hint' erschossen hat.

6. Und zum Gericht am großen Jüngsten Tage,
putzt jeder 's G'wissen und auch das Gewehr;
marschieren d'Jäger samt die Förster
aufs Gamsgebirg zum Luzifer.

7. Und nun zum Schlusse Dank noch den Vet'ranen,
die ihr den Trauermarsch so schön gespielt!
Ihr Jäger, laßt euch nur ermahnen,
daß keiner mehr von hinten zielt!

8. Denn auf den Bergen, ja, da gilt die Freiheit,
ja auf den Bergen ist es gar so schön,
allwo auf grauenhafte Weise
der Jennerwein zugrund mußt gehn.

Text und Melodie aus Oberbayern

Dieses und das folgende Lied sind wohl die bekanntesten Wildschützenballaden aus dem bayerischen Oberland. Das „Jennerweinlied“ schildert auf tragikomische Weise den Tod des Holzknechts Georg Jennerwein, der 1877 im Bodenschneidgebiet hinterrücks erschossen wurde.
„Boarischer Hiasl“ wurde der Wildschütz Matthias Klostermeier genannt, der lange Zeit listig seinem „Handwerk“ nachgehen konnte, bis er verraten wurde.

Bin i da boarisch Hiasl

2. Und da sell g'scherte Lackl mit sein grausama Kopf,
der hat mi halt verrat'n beim Seefelder Graf. Trala...

3. Auf'n Berg da kraxl i aufi wia a Vogl auf'n Bam,
den Jaga möcht i kenna, der mir da nachi kam. Trala...

4. Im Tegernseer Wald begegnet mir ein Tier,
ein wunderschönes Tier, Gott bescher es mir. Trala...

5. Da Jaga mit sein Stecka, da Hund mit sein Strick,
im Troad da lieg i drinna, aba kriagn doats mit net. Trala...

Text und Melodie aus Oberbayern

Droben im Oberland

2. Schieß mir ein' Rehbock z'samm,
fallt er oder fallt er net.
Fallt er net, so bleibt er stehn,
zu meiner Lina muß i gehn,
zu meiner Lina muß i gehn,
alle Woch' sechs- siebenmal.

3. Gestern ist Sonntag g'wen,
heut bin i schon wieder da.
Sie hat a Hüterl auf,
eine schöne schöne Feder drauf,
sie sah so reizend, reizend aus,
und ich ging mit ihr nach Haus.

4. Und vor der Tür ankomm'n,
ei da sagte sie zu mir:
„Hast mich nach Haus gebracht,
hast deine Sache gut gemacht.
Nun denn, so geb' ich dir zum Schluß
einen zuckersüßen Kuß."

5. Lauter junge hübsche Leut seins wir,
lauter junge hübsche Leut.
Wenn die hübschen jungen Leut nicht wär'n,
wer sollte denn das Geld verzehr'n?
Lauter hübsche junge Leut seins wir,
lauter hübsche junge Leut.

Volkslied aus Schwaben

Drunten im Unterland

2. Drunten im Neckartal, da ist's halt gut.
Ist mer's da oben rum manchmal au no so dumm,
han i doch alleweil drunten gut's Blut.

3. Kalt ist's im Oberland, unten ist's warm,
oben sind d'Leut so reich, d' Herzen sind gar net weich,
b'sehnt mi net freundlich an, werdet net warm.

4. Aber da unten 'rum, da sind d' Leut arm;
aber so froh und frei, und in der Liebe treu,
drum sind im Unterland d' Herzen so warm.

Text von Gottlieb Weigle, Melodie aus Schwaben.

Jägerlied

2. Schau, wie das Heer von Sternen den schönen Glanz verliert
und wie sie sich entfernen, wenn sich der Morgen rührt.
Die Vögel in den Wäldern sind schon vom Schlaf erwacht
und haben auf den Feldern ihr Morgenlied gebracht.

3. Ein schwächliches Gemüte hüllt sich in Federn ein,
doch tapferes Geblüte kann nicht so träge sein.
Drum laßt die Faulen liegen, gönnt ihnen ihre Ruh;
wir rennen mit Vergnügen dem dicken Holze zu.

4. Das edle Jägerleben vergnüget meine Brust,
den kühnen Fang zu geben, ist meine größte Lust.
Wo Reh und Hirsche springen, wo Rohr und Büchse knallt,
wo Jägerhörner klingen, da ist mein Aufenthalt.

Text: G.B. Hancke (1724); Melodie aus Frankreich.

Mit dem Pfeil, dem Bogen

2. Wie im Reich der Lüfte
König ist der Weih,
durch die Gebirg und Klüfte
herrscht der Schütze frei.

3. Ihm gehört das Weite,
was sein Pfeil erreicht:
Das ist seine Beute,
was das kreucht und fleugt.

Text: Friedrich von Schiller (1759 - 1805);
Melodie: Anselm Weber (1764 - 1821)

Ein Tiroler wollte jagen

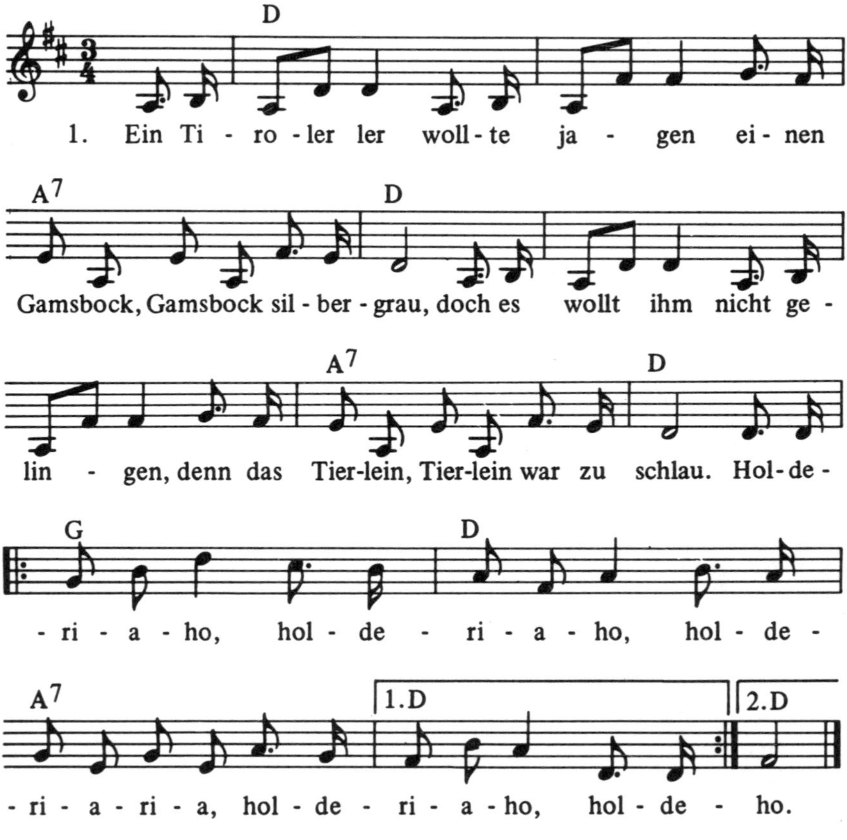

2. Und der Gemsenjäger wollte zu des Försters, Försters Töchterlein, doch sie lacht ihm ins Gesichte, und sie läßt ihn, läßt ihn nicht herein. Holdrihiaho ...

3. Meine Mutter will' nicht leiden, daß ich einen, einen Jäger führ', und ich lieb' schon einen andern, einen stolzen, jungen Kanonier. Holdrihiaho ...

Volkslied

Auf, auf zum fröhlichen Jagen

2. Frühmorgens, als der Jäger in den grünen Wald 'neinkam,
da sah er mit Vergnügen das schöne Wildbret an.
Die Gamslein, Paar bei Paare, die kommen von weit her,
die Rehe und das Hirschlein, das schöne Wildbret schwer.
Tridi hejo . . .

3. Das edle Jägerleben vergnüget meine Brust,
dem Wilde nachzustreben, ist meine höchste Lust.
Wir laden unsre Büchsen mit Pulver und mit Blei;
wir führn das schönste Leben, im Walde sind wir frei.
Tridi hejo . . .

Der Text lehnt sich an das Jägerlied von G. B. Hancke an (Seite 94)
Melodie aus Kärnten

Die Gamslen schwarz und braun

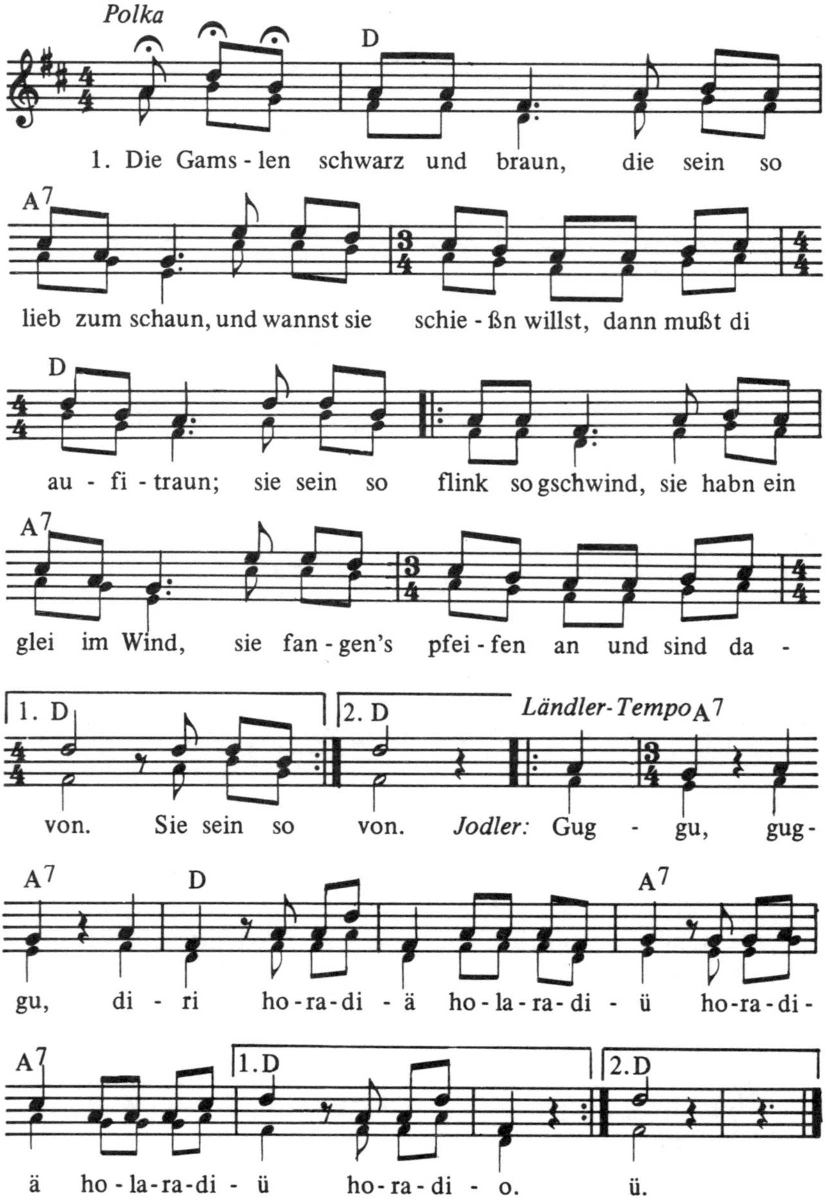

2. I hab kein Kreuzer Geld,
hab a koa Freud auf der Welt,
die Mutter gibt ma keins
drum schaug i selber um eins.
|: I steig aufs Gamsgebirg
mit meiner Kugelbüchs,
a Geld, dös muß i ham
ja sonst geht nix. :|
Jodler

3. Das Gamserl is scho gschossn,
es hat mi nit betrogn,
i hab des Feuer gsehn,
es sein die Haar aufgflogn.
|: Die Sennerin steht scho draußn
vor ihrer Hüttntür,
sie tut an Juchezer
herauf zu mir. :|
Jodler

Volkslied aus dem Salzburger Land.

Der Berliner Jemsenjäger

2. Saß ik ganz jemütlich vor 'nem Alpenhause,
blick uf det Jebirge - Jott, welch Aujenschmause!
Da, mit eenem Male, mir zum Hohn,
kam 'ne Jemse her mit ihrem Sohn.

3. Und der Jemsensohn, der wollte mir wohl necken,
ik faßt kühnen Mut und ließ mir nicht erschrecken;
kam die Jemsenolle flugs herbei,
wollt mir spießen mit dem Mordjeweih!

4. Mensch, die waren beede scheußlich anzuschauen,
schwarz und weiß jefleckt - na, ik bekam det Jrauen!
Muttern trug am Kopfe een Jeweih.
Aber Glöckchen trugen alle zwei!

5. Wollt mir schleppen in die finstre Jemsenhöhle,
wollt mir dort verschlingen - o du meine Seele!
In der Finsternis, ach sank ik hin!
Ach, ik seh dir nimmermehr, Berlin!

6. Kam ein andermal vor so 'ne Käsehütte,
frug det Käsefrollein, ob dat hier so Sitte,
dat man auf die Pfade Bohnen streut,
wat wohl hier zu Lande det bedeut!

7. Und det Käsefrollein lachte unjeheuer,
„wat, dat kennste nich? Det sind doch Jemseneier!
Sind ganz frisch jelegt, sogar noch feucht,
paß man uff, mein Freund, wat da entkräucht!"

8. Ja, ik kooft sie teuer diese Jemseneier,
doch ik war betrogen, Fräulein hat gelogen!
Hab schon sieben Jahr det Zeug zu Haus -
nicht die Spur von Jemse kroch heraus!

9. Ach, det Jemsenschießen, ach det Alpenleben!
Kann es wohl auf Erden noch was Schönres jeben!
Leider jibt es keene Sennerin
und auch keene Berje in Berlin!

Volkstümliches Scherzlied aus dem Alpenland

Tölzer Schützenmarsch

C G7 Am
C c G c D g G g A am Fis am
kann; al - les ein Juch - zer schreit, vor lau - ter Lust - bar -
C/g G7 C G7
G c C c D g G g G g7 G g7 c C g7 G
keit, ho - la - di - ri - di je juch - he! Ja, das is' die höch - ste
1. C 2. C F
c C c C f F f F f F f F
Freud! Freud! I - sar - tal, du bist mei'
F D7 Gm
d7 D d7 D gm G gm G
Freud, da geht mir's Herz auf mäch-tig weit,
Gm
wenn i in die Berg nei - schau, die all mi
C7 F
c7 C c7 C f F f F F f C f
grü - - ßen freundlich blau. O du mein lie -
F D7
D d7 A d7
- bes, schö-nes Tölz, mit dei - ne Berg, deim grü-nen

Text u. Melodie: Anton Kettner (+1899),
Bearbeitung: Gerhard Buchner
© 1999 Voggenreiter Verlag, Bonn

Ich schieß den Hirsch

2. Kampiere oft zur Winterszeit in Sturm und Wetternacht,
hab, überreift und überschneit, den Stein zum Bett gemacht;
auf Dornen schlief ich wie auf Flaum, vom Nordwind unberührt.
|: Und dennoch hat die harte Brust die Liebe auch gespürt. :|

3. Der wilde Falk ist mein Gesell, der Wolf mein Kampfgespann;
der Tag geht mir mit Hundsgebell, die Nacht mit Hussa an;
ein Tannreis schmückt statt Blumenzier den schweißbefleckten Hut.
|: Und dennoch schlug die Liebe mir ins wilde Jägerblut. :|

Text: Franz von Schober (1826); Melodie: Volksweise.

Lustige Gsangl

Schnaderhüpfl und Gstanzl
– ein Dutzend Melodien zur Auswahl . . .

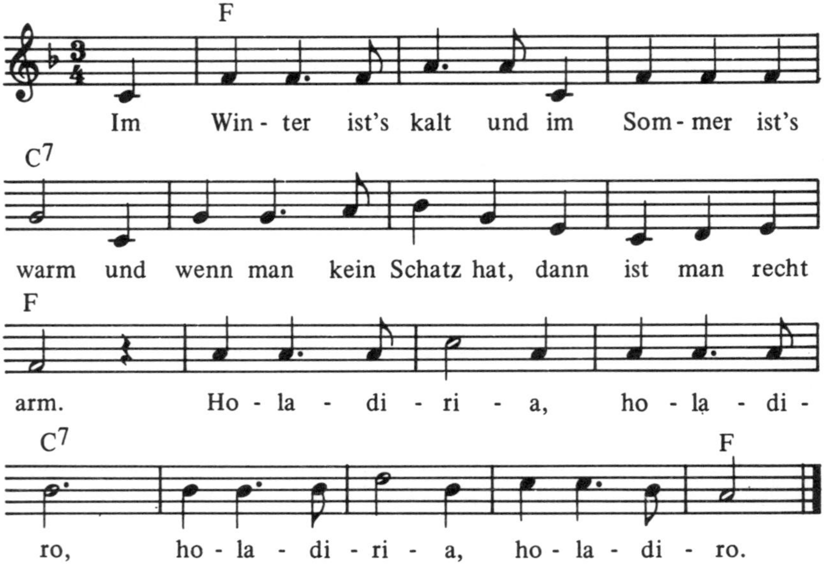

Melodie im ganzen Alpenland verbreitet.

Melodie aus Oberbayern.

Melodie aus dem Gebirgsliederbuch für Herzog Maximilian in Bayern 1839.

Melodie aus Bayern.

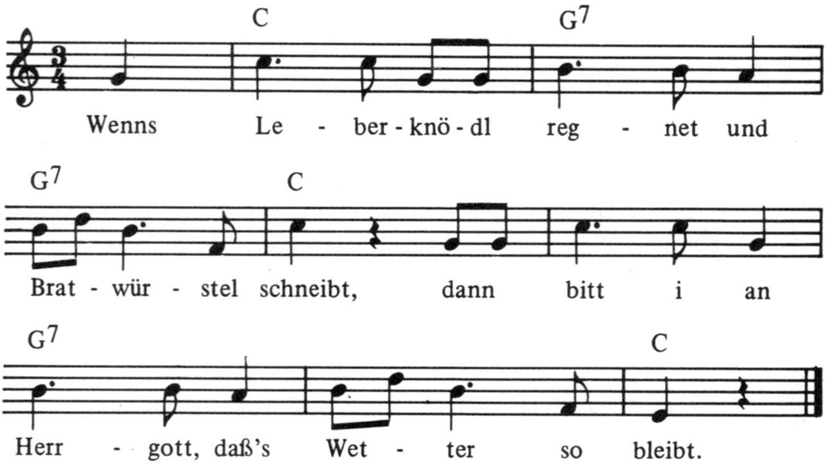

Melodie aus Oberbayern.

Melodie aus dem Pinzgau.

Melodie aus Bayern.

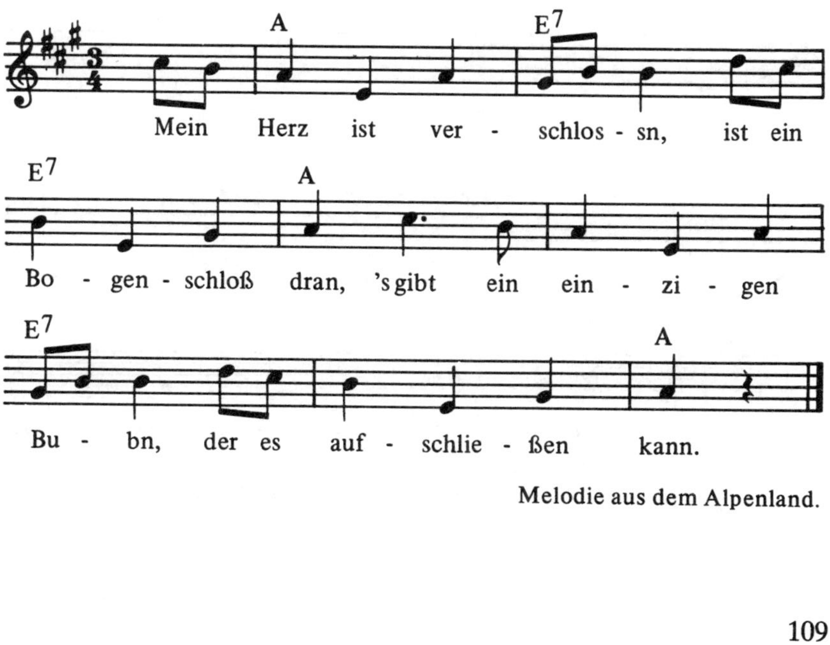

Melodie aus dem Alpenland.

Melodie aus Bayern.

Aus der österreichischen Liedersammlung von Tschischka und Schottky 1818.

Melodie im ganzen Alpenland verbreitet.

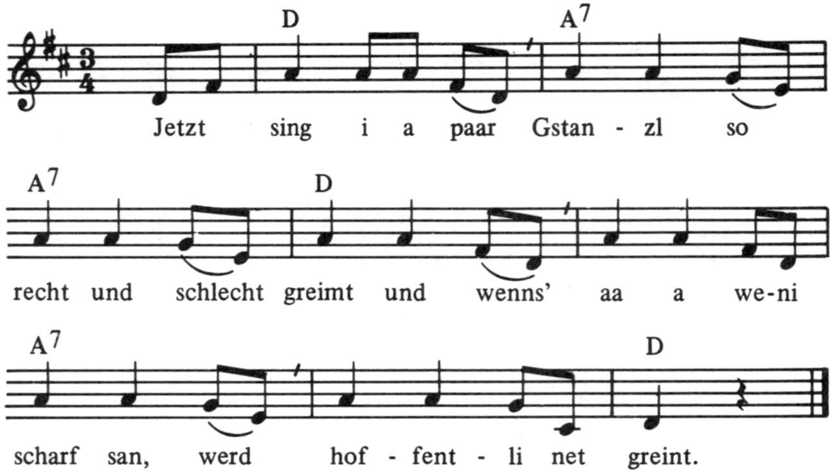

Melodie nach Roider Jackl

... und 100 Strophen

– auch als Anregung zum Nachdichten und Selbererfinden neuer Strophen. Manchmal genügt es, nur einen Namen auszuwechseln: Der Toni wird zum Hannes, die Kathi zur Vroni – und schon ist ein aktueller Bezug zu einer anwesenden Person hergestellt. Es ist aber auch nicht schwierig, völlig neue Texte zu erfinden. Gemeinsame Bergerlebnisse – ob beim Wandern oder Skifahren – geben dazu immer reichlich Stoff. Die Form ist denkbar einfach: Ein Vierzeiler, der sich im allgemeinen in der 2. und 4. Zeile reimt und den man auf eine der vielen Ländlerweisen im 3/4 Takt (siehe Seite 106 bis Seite 112) singen kann.

„Schnaderhüpfl" sind seit dem Ende des 18. Jahrhunderts im Alpenraum literarisch belegt, aber zweifellos ein viel älteres Brauchtum. In manchen Gegenden werden sie auch als Gstanzl bezeichnet. Inhaltlich sind sie immer spöttisch, satirisch, manchmal auch anzüglich; doch verletzend sind sie nie. Ein Schuß liebevolles Verständnis ist nämlich stets dabei. Schnaderhüpfl oder Gstanzl sollen nur Spaß machen und zum Lachen oder wenigstens zum Schmunzeln anregen, auch die davon Betroffenen.

Liebeleien

1. Beim Dirndl auf der Alm
gibts allweil an Gspaß,
wenn der Vater im Tal is,
und d' Mutter nix waß.

2. Du herzig-schöns Dirndl,
du wunderliabs Kind
bei dir wär gut schlafn
bei dir wär's koa Sünd.

3. Mei Schatzerl hat Äugerln
wie der Himmel so blau,
drum is's a koa Wunder,
wenn i drin mi verschau.

4. Und mei Dirndl is a Ding,
is net z'schwer und net z'gring
is net z'jung, is net z'alt,
is a Ding, des mir gfallt.

5. Und's Dirndl is gsund,
die Herzerln sind rund
und erst drunter der Stern!
Glei narrisch kunst wern.

6. Du derfst mi scho liebn,
du narrischer Bua
i schenk dir a Busserl
und mein Herzerl dazua.

7. Aber 's Dirndl hat's kränkt,
daß mir a Busserl hat gschenkt,
is mir gar nix dran glegn,
hab's ihm gleich wieder gebn.

8. Und wenn i beim Dirndl bin,
geb ich koa Ruh,
sie hat's gern, i hab's gern,
wir kriegn beide net gnua.

9. Geh, gib mir a Busserl
und mach koa so Gsicht,
i druck scho die Augn zu
damit's niemand sieht.

10. Zwei Buam und ein Dirndl,
des geht net recht zsamm,
weil ma 's Dirndl in der Mittn
net auseinanderreißn kann.

11. Was braucht denn a Jäger?
A Jäger braucht nix
als a schwarzäugig Dirndl,
an Hund und a Büchs.

12. Mei Vater is Schreiner,
sei Sohn, das bin i,
mei Vater macht d' Wiegn,
und was reinkommt, mach i.

13. Mein Bua is a Tischler,
a Tischler muß's sein
der macht mir a Wiegn
und was nei ghört gleich drein.

14. Der schönst is er net, der Bua,
aber Lieb hat er gnua,
mit'm Geld is er sper,
aber sonst geht was her.

15. Kloa bin i, kloa bleib i,
groß mag i net werdn -
und an Buam muß i kriegn
wie(r) an Haselnußkern!

16. Zwei Gamserln tun scherzn
zwei Hunderln tun jagn,
zwei Dirndln tun streitn:
ein Bubn wollns' habn.

17. Der Adam hat's Liebn aufbracht,
der Noah den Wein,
der Davidl 's Zitherschlagn,
's müssn Steirer gwesen sein!

18. Mei Schatz is znachst komma,
was hat er mir bracht?
A Ringerl fürs Fingerl
und a Busserl auf d' Nacht.

19. A Schwalbn macht koan Sommer,
zwoa Jungfern koa Kind,
hingegn bei zwei Liebsleut'
passiert sowas gschwind.

20. Hab a einzigsmal gjuchzt
da drobn auf der Alm,
jetzt hab i scho wieder
die Hebamm zum zahln.

21. Und's Dirndl hat grert,
hat's d' Mutter glei ghört;
sagt s': „Hast was verlorn?"
„Na - Großmutter bist worn!"

22. Oamal habn ma's gwagt
und oamal wagn ma's noch,
was nutzt uns die Jungfernschaft,
hin ist sie doch.

23. Am Himmel steht a Wetter,
aber donnern tut's net,
steig eini beim Fensterl,
aber einschlagn derfs net!

24. Drei Wochen vor Ostern,
da geht der Schnee weg,
da heirat mei Schätzerl
und i hab an Dreck.

25. Verliebt is der Gockl,
verliebt is die Laus,
verliebt is der Regnwurm,
grad i geh leer aus.

26. Und a Bua der beim Tanzn
sei Dirndl net halst
kimmt ma vor wie a Bäurin,
die d' Nudln net schmalzt.

27. Mit uns zwoa hat's koa Gfahr
mir liebn uns in Ehrn
uns kunnt'ns pfeilgrad
in an Kastl z'ammsperrn.

28. Tu's Herz in a Schachterl
und binds recht fest zua,
so wird's dir net staubi
und stiehlt's dir koa Bua.

29. Mei Herz ist verschlossn
is a Bogenschloß dran,
is an einziges Büabl,
des's aufmachn kann.

30. Dort unten im Teiche
da schwimmt ein Fisch:
Und mein Schatz ist mir lieber
als das Geld auf'm Tisch.

31. Dreizehn Madl muaßt liebn
gmischt große und kloane:
Wenn der Teifi a Dutzend holt,
bleibt dir allweil no oane.

32. Drei Rosen im Garten
vier Lilien im Wald:
Jetzt muß ich heiraten
sonst werd ich zu alt.

33. Drei Wochn vor Ostern,
da heirat ma zsamm -
scho deswegn, daß d' Leut aa
was z' redn von uns ham

34. Jetzt hab i geheirat;
was hab i davon?
A Stubn voller Kinder,
an lumpigen Mann.

Frotzeleien

35. Buama, wann's raufn wollt's,
derft's es bloß sagn,
d' Messer san gschliffn,
und d' Pratzn san gladn.

36. In München, auf der Wiesn,
gibt's Ochsn grad gnua,
die ein werden gebraten,
die andern schaun zua.

37. Bald traamt mir von Ochsn,
bald traamt mir von Küah,
bald traamt mir vom Marerl,
was Gscheits traamt mir nia.

38. Die Kathi is sauber
vom Fuß bis zum Kopf,
bloß am Hals hat's a Binkerl,
des nennt ma an Kropf.

39. I siech was, i siech was,
es schleicht auf mi zua,
hab gmoant, es is die Kathi,
derweil is a Kuah.

40. Aber sonst san ma sauber,
ham Goscherln so süß,
und Erdäpflwampn
und dreckige Füß.

41. Znachst bin ich amal
bei a Steirischen glegn,
die hat mir ihrn Kropf
als a Kopfpolster gebn.

42. Mein Schatz is a Köchin,
die kocht mir a Mus,
die sitzt auf'm Pfannstiel
und rührt mit'm Fuß.

43. Mei Dirndl heißt Thres,
wenn is' anschau, schaut's bös,
wenn is anlang, na schreit's,
ja mit der Thres is a Kreiz.

44. Und a saubere Sennrin,
is selten und rar,
aber jung is a jede:
fuffzg, sechzg, siebzig Jahr.

45. Die Sennrin is grantig,
an was werd des liegn?
Die is heut beim Aufstehn
in an Kuhdreck neigstiegn.

46. Geh tua net so heilig,
geh', tua net so gschwolln,
hat scho öfter da Teifi
an Heilignschein gstohln.

47. Nimm i d' Hanni,
nimm i d' Nanni,
's is gsprunga wia ghupft,
die oa, die is gschami,
die ander is gschupft.

48. Ich hab si ja nur
auf die Schulter geküßt,
ja woaßt, weil mir's Maul
zweni sauber gwen ist.

49. Die Vogerl ham Kröpferl
und singa damit,
mei Alte hat aa an Kropf,
aber singa kann's nit.

50. Und i tu, was i will,
und i tu, was i mag,
das einzige ist,
daß i mei Alte erst frag!

51. Wannst neischreist in d' Berg,
hörst as Echo schö raus.
I brauch koane Berg net,
wenn mei Weib is im Haus.

52. I bin a kloans Dirndl,
drum muß i mi wehrn,
sonst taatn mi die die Großn
in' Sack einischern.

53. Mei Tante hält Hühner,
mei Tante hält Vieh,
mei Tante hält alles,
nur 's Maul hält sie nie.

54. Ja, grün ist die Hoffnung
und grün der Spinat,
und grün ist der Jüngling,
der keinen Bart hat.

55. A Weib muß jetzt hera
und dös sogar bald,
is s' alt und zaundürr
wenn s' nur d' Schulden mir zahlt

56. Geh, dalkater Vater,
geh, schimpf net auf d' Letzt,
gangst selber zum Dirndl,
wanns d' Mutter net hättst.

57. Mir habn nur oan Fehler
in unserer Gmoa,
die Kirchen is z'groß
und as Wirtshaus is z'kloa.

58. Der Pfarrer von Münsing
is a kreizbraver Mo,
der bet, was a muß
und er sauft, was er ko.

59. Der Toni singt laut
schreit 's Trommelfell zsamm,
nur gut, daß wir alle
kein Musikghör ham

60. Die Häuser san baut
nach der neiastn Mod:
Balst im ersten Stock niaßst,
sagns' im Parterre: Helf da God.

61. Der Hans ist der letzte
beim Abfahrtslauf worn,
er ist mehr für's Bier
als für'n Tiefschnee geborn.

62. Die Hauptsach beim Skifahrn,
die kennt jeder Tropf:
Sollst Bretter an die Füß habn
und net vor deim Kopf.

63. Dem Seppl sei Nasn
is kupfrig, o mei,
wann der a so fortsauft,
wird's bald grünspani sei.

64. Der Sepp hat den Kopf
in die Puffer neibracht,
die Puffer habn sich bogen
und der Sepp, der hat glacht.

Blödeleien

65. Wenn's Leberknödl regnet
und Bratwürschtl schneibt,
dann bitt i an Herrgott,
daß's Wetter so bleibt.

66. Mei Vater der faulenzt,
mei Mutter pflegt d' Ruah,
mei Bruder reißt's Maul auf
und i schaug eahm zua.

67. Für d' Flöh gibt's a Pulver,
für d' Schuh gibt's a Wichs,
für d' Durst gibt's a Wasser,
für die Dummheit gibt's nix.

68. Tät ma d' Dummheit versteuern,
na hätt ma gnua Geld,
es gibt ja nix Dümmers
als d' Leut auf der Welt

69. Drei Ochsen, vier Küh
sind sieben Stück Vieh,
die Hörner sind krumm:
Und die Leute sind dumm.

70. Wer zu neunundneunzig Pfenning
auf d' Welt kommen is,
der bringts zu koan Markl,
dös is amal gwiß.

71. Das is halt meim Alten
sein einziger Trost,
daß ihm, so lang i leb,
sei Geld net varost.

72. Lusti is 's Buamalebn,
's Geld muaß ma d' Mutter gebn,
wann mas da Vater geit,
glangt's net so weit.

73. Ja, 's gibt allerhand Maschina:
die oa drischt, die oa saat,
jetz brauch ma grad no oane,
wo die Steuern zahln taat.

74. Da unten am Bache,
da sitzt ein Chines,
der reibt sich sei Plattn
mit Limburger Käs.

75. Und vor der Kaserne,
da steht ein Soldat,
der reibt sich sein Glatzkopf
mit Vollmilchschoklad.

76. Dort unten am Bache,
wo die Weiden sich biegn,
da raufen zwei Glatzköpf,
daß d' Haar nur so fliegn.

77. Da unten im Tale,
da ist ein Tunnel,
wenn ma reinkommt, wird's dunkel,
wenn ma rauskommt, wird's hell.

78. Ich steh in dem Kahne
und spuck auf die Brück,
da muß ich schnell fahren,
denn die Spucke kommt zurück.

79. Ich steh auf der Brücke
und spuck in den Kahn,
da freut sich die Spucke,
daß sie Kahn fahren kann.

80. Da drobn auf dem Bergl,
da steht eine Kuh,
die macht ihre Augen
mal auf und mal zu.

81. Da drobn auf dem Bergl,
da geht der Weg links,
da sitzen zwei Gauner.
Pfui Teufel, da stinkt's!

82. Weil Frankfurt so groß ist,
so teilt man es ein,
in Frankfurt an der Oder
und Frankfurt am Main.

83. Auf der Wiesn singt ein
Heuschreck,
doch jetzt ist er stad,
weil der Bauer mit der Sensn
sein Kopf hat abgmaht.

84. Warum sollt ma net auffisteign,
san ma jo no jung.
Aft, wenn ma älter wern,
vielleicht kehrn ma na um.

85. Det de Spree musikalisch is,
det weiß jeda Mann;
denn neulich, da sank dort
ein Äppelkran.

86. A Semmelknödl und
a Leberknödl,
die habn sie net vertragn
da hat der Semmelknödl
an Leberknödl
vom Tisch abagschlagn.

87. Und wenn der Hahn kräht,
dann kräht er auf dem Mist,
dann ändert sich's Wetter,
oder es bleibt, wie es ist.

88. Unser Pfarrer hat's gsagt
und der Kaplan, der hat's gschriebn:
Mit a Magern is gut tanzn,
bei a Dickn gut liegn.

89. Der Pfarrer macht d' Predigt,
der Metzger macht d' Wurscht,
der Glaubn, der macht selig,
und der Hering macht Durscht.

90. Mir trinkn, was's gibt,
mir trinkn, was geht,
und nur grad a Wasser
des saufn ma net!

91. Der Dackel, der wackelt
mit dem Schwanz hin und her,
der Schwanz kann das net;
denn der Dackel ist zu schwer.

92. Mei Schwester spielt Geige,
mei Bruder Klarinett,
mei Vater schlägt mi,
und so gibt's ein Quartett.

93. Wann i a Bauer war,
hätt i zwoa Küah:
Die oane müßt Schnaps gebn,
die andere a Bier.

94. Drei Rosen im Garten,
drei Vögelein im Wald:
Im Sommer ist's lieblich,
im Winter ist's kalt.

95. Gestern auf d' Nacht,
ham ma an Teifi abgschlacht.
Wer a Teififleisch mag,
der soll kemma die Tag.

96. I woaß net, i hab,
mit da Arbeit koa Freud,
denn grad mit da Arbeit
versäumt ma die Zeit.

97. Wenn i sing, sing i hell,
wann i geh, geh i schnell,
wann i sonst koa Freud han,
schaug i 's Schulzeugnis an.

98. Ja lusti in Ehrn
hat der liabe Gott gern,
mit de traurign Leut
hat aa der Teufel koa Freud.

99. Jetzt hat einer gsungen,
das hat sich nicht greimt,
dem gehört ja die Zunge
woanders hin gleimt.

100. Der eine weiß dies,
der andre weiß das,
's weiß jeder was anders,
aber jeder weiß was.

Wenn wir schaun

2. Wenn wir guck'n – durch die Luck'n
3. Wenn wir hatschen – durch die Latschen
4. Wenn wir gaffn – wia die Affn
5. Wenn wir fliagn – über d' Stiagn
6. Wenn wir jodeln – wia die Dodeln
7. Wenn wir fahrn – mit an Karrn
8. Wenn wir sausen – mit der Jausen
9. Wenn wir spucken – über d' Brucken
10. Wenn wir kugeln – über d' Mugeln
11. Wenn wir boxn – wie die Oxn

Scherzlied aus dem Alpenland

Im Himml, sagt er . . .

2. Wennst in Himmi, sagt a,
willst kemma, sagt a,
mußt a Schneiztüachl, sagt a,
mitnehma, sagt a,
denn im Himmi, sagt a,
waars a Schand, sagt a,
wannst di schneizt, sagt a,
mit da Hand.

3. Wennst in Himmi, sagt a,
willst kemma, sagt a,
muaßt dir Krapfn, sagt a,
mitnehma, sagt a,
denn in Himmi, sagt a,
nauf is weit, sagt a,
und koa Wirtshaus, sagt a,
weit und breit.

4. Wennst in Himmi, sagt a,
willst kemma, sagt a,
muaßt a Zeitung, sagt a,
mitnehma, sagt a,
denn im Himmi, sagt a,
habns es gern, sagt a,
wenns was Neu's, sagt a,
eppa hör'n.

5. Wennst in Himmi, sagt a,
willst kemma, sagt a,
muaßt a Hemad, sagt a,
mitnehma, sagt a,
denn im Himmi, sagt a,
in an Gwand, sagt a,
fliagt koa Engerl, sagt a,
umanand.

6. Wennst in Himmi, sagt a,
willst kemma, sagt a,
derfst koa Madl, sagt a,
mitnehma, sagt a,
denn da drobn, sagt a,
derf net gschehn, sagt a,
was heruntn, sagt a,
geht so schen!

Eines der beliebten „Sagt er"-Schnaderhüpfln, die in Bayern, Tirol und Salzburg verbreitet sind.

Der Watzmann ruft

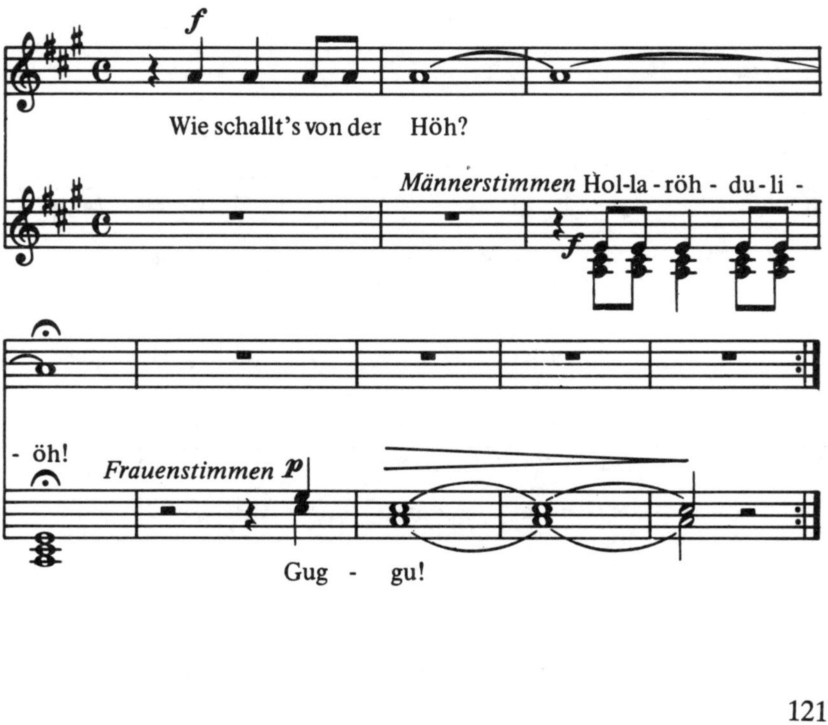

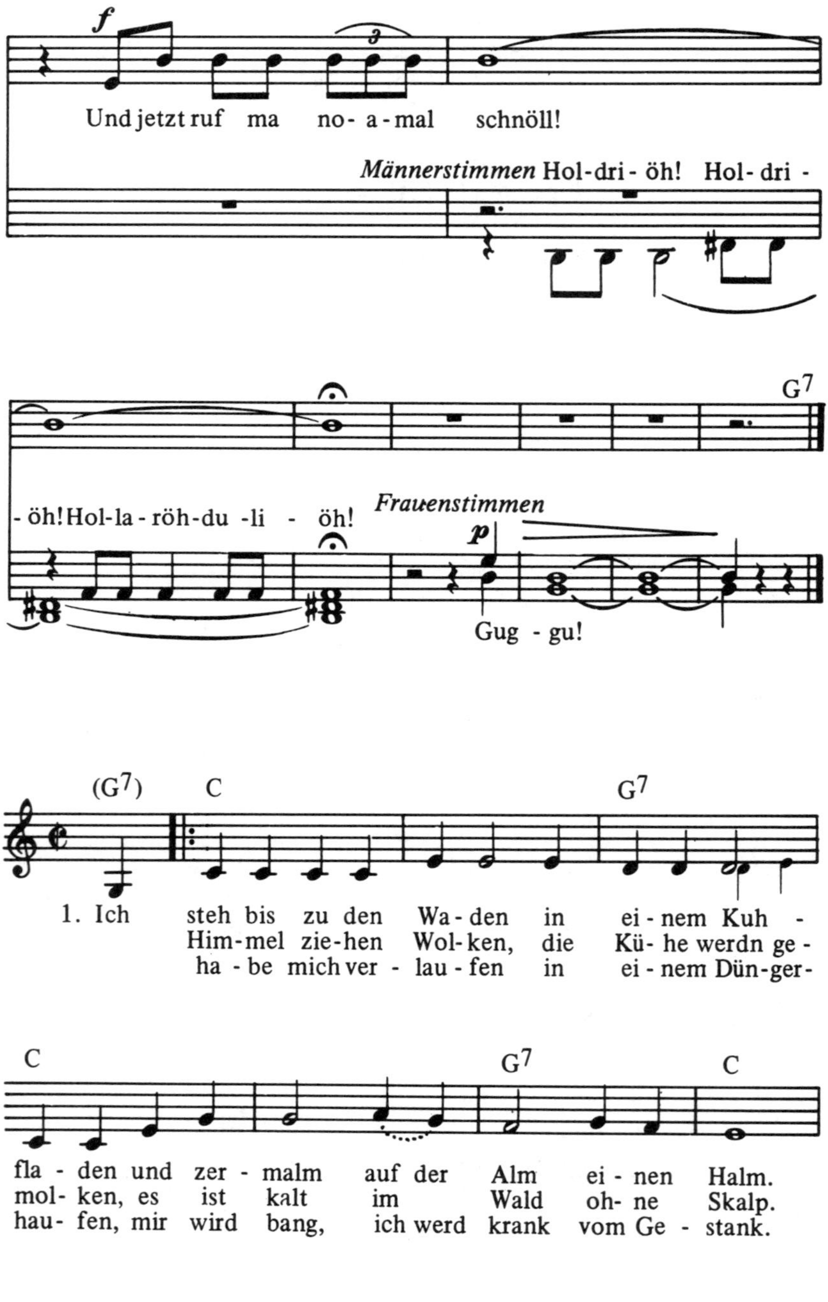
f
Und jetzt ruf ma no- a - mal schnöll!
Männerstimmen Hol-dri - öh! Hol- dri -
- öh! Hol-la - röh-du -li - öh!
Frauenstimmen
p
Gug - gu!
G7
(G7) C G7
1. Ich steh bis zu den Wa - den in ei - nem Kuh -
Him-mel zie-hen Wol-ken, die Kü- he werdn ge -
ha - be mich ver - lau - fen in ei - nem Dün-ger-
C G7 C
fla - den und zer - malm auf der Alm ei - nen Halm.
mol- ken, es ist kalt im Wald oh- ne Skalp.
hau- fen, mir wird bang, ich werd krank vom Ge - stank.

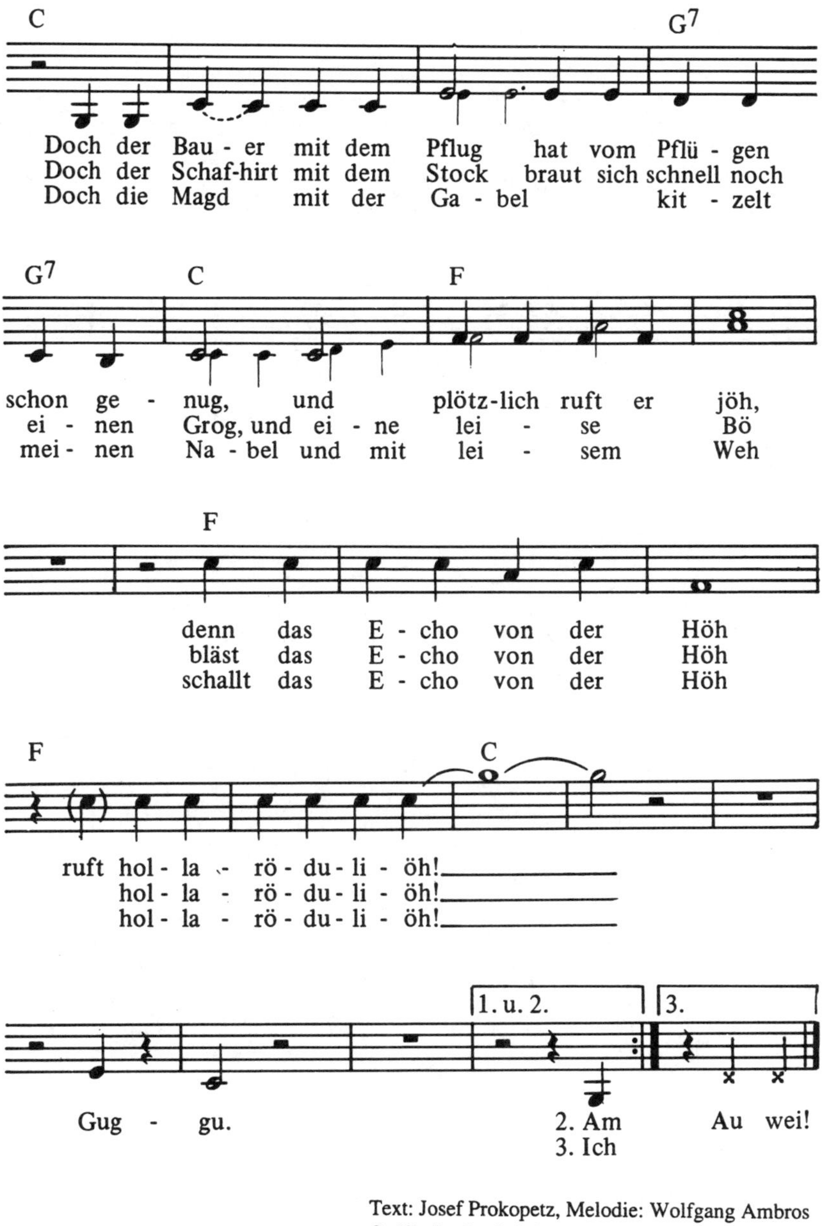

Text: Josef Prokopetz, Melodie: Wolfgang Ambros
© Alle Rechte bei den Autoren

Die Gailtalerin

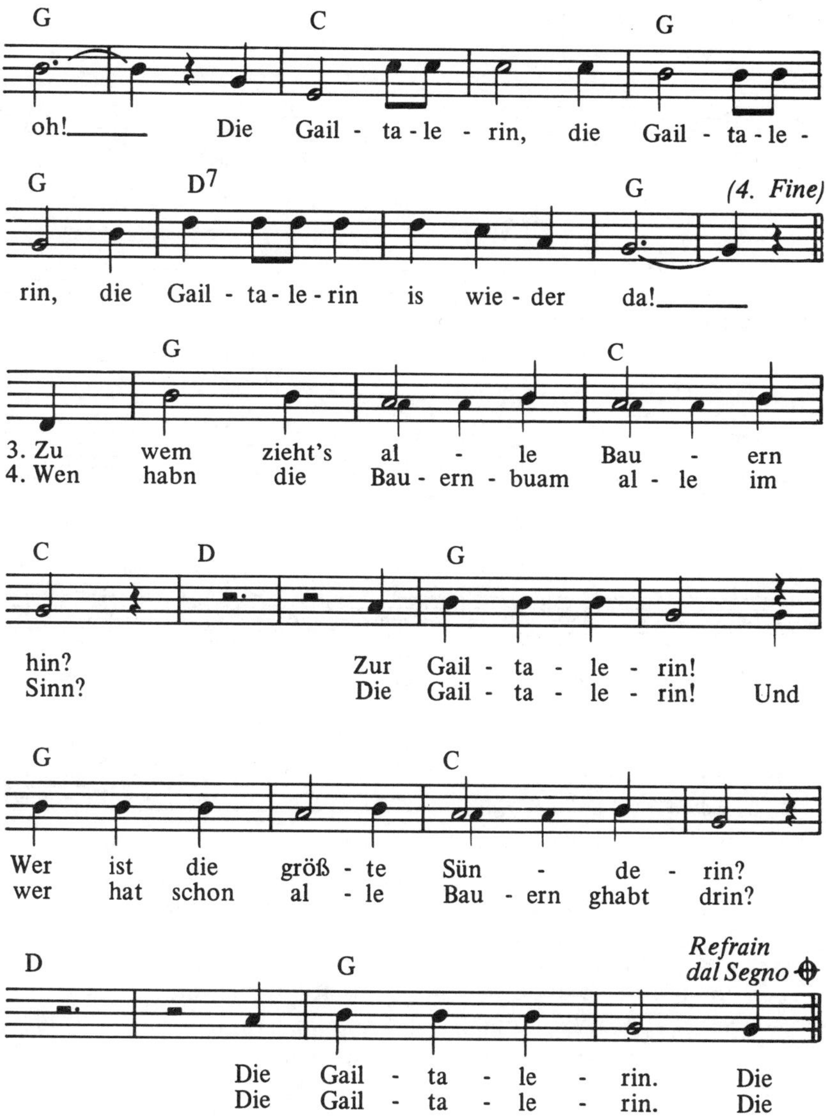

Text: Josef Prokopetz, Melodie: Wolfgang Ambros

© Alle Rechte bei den Autoren

Tiroler sind lustig

2. Und kommt dann der Sonntag, so geht es zum Tanz.
Sein Nannerl führt Gotthelf, und Gretel den Hans.
Da sieht man sie wacker im Kreise sich drehn,
sie hüpfen so flink, wie die Gems auf den Höhn.

3. Sie treiben ihr Vieh auf der Alme ins Gras,
und dabei geht's Mädel und stricket sich was
indessen der Bube die Felsen besteigt,
und oftmals ein Gemschen zum Braten erschleicht.

4. Und kommt so ein Jäger mit Beute nach Haus,
dann jauchzet und schmaust man, bis alles ist aus.
Und hat man's, so trinkt man ein Gläschen darauf
und geht dann frisch wieder zur Alma hinauf.

5. Die Stadt versorgt Nannerl mit Butter und Milch,
und Gotthelf webt bunte Tischdecken und Zwilch;
damit geht der Bube ins Reich dann hinaus
und bringt blanke Taler dafür mit nach Haus.

6. Hat einer ein Schätzerl, so bleibt er dabei;
er nimmt sie zum Weiberl und liebt sie recht treu.
Dann fängt man die Wirtschaft gemeinschaftlich an
und liebt sich und herzt sich, so sehr als man kann.

Aus dem Singspiel „Der Tiroler Wastl" (1795).
Text: Emanuel Schikaneder (1751–1812). Melodie: Jakob Haibl.

Wie lustig ist's im Winter

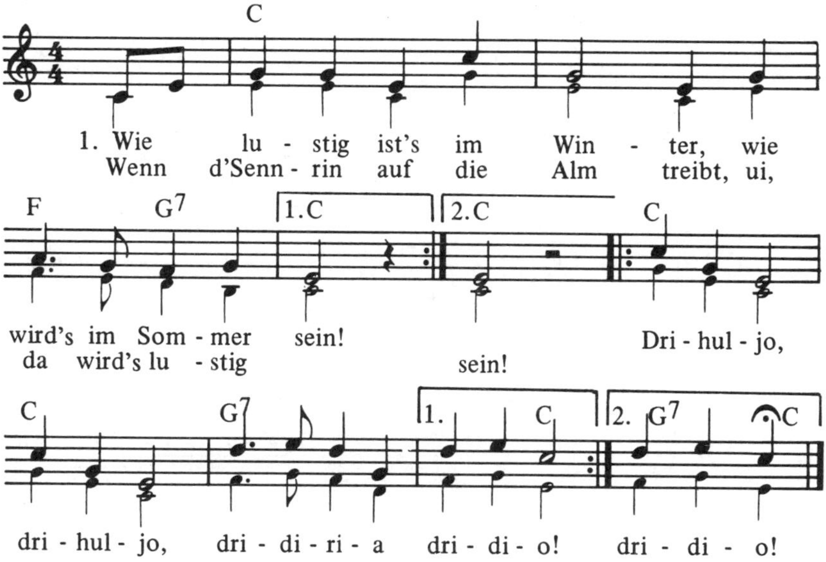

2. Kommt jetzt ein andres Wetter, so schlafn wir auf'm Feld,
verkaufen unsre Better, da kriegn wir recht viel Geld.
Drihuljo ...

3. Am Montag tun wir melken, am Dienstag tun wir rührn,
am Mittwoch tun wir Butter von der Alm dann runterführn.
Drihuljo ...

Altbayerisches Volkslied.

Der Umgang

2. Veterana, Feuerwehr,
Militär und noch mehr,
kommen strammen Schritts daher
mit und ohne Gwehr!
Dann die kloanan Madln
mit gstärkte Kladln und magre Wadln,
wenns regnet, schauns aus als wia d' Fadln,
na schimpfts die Muatta z'Haus
unbandi aus, ja aus!

3. Oana tuat die Pauken schlagn –
glei derschlagn, muaß ma sagn,
sollt ma den, weil der ganz gwiß
sternhaglbsuffa is!
Dann erst der Trompeter,
a recht a fetter, a ganz a netter,
und blasen tuat der Attentäter,
daß 's oam glei reißt vom Fleck
d'Ohrwaschln weg, ja weg!

4. Und das Fräulein Cäcilie,
Kopf in d'Höh, wia(r)a Fee,
sicht ma die im Neglischee
wirds oam ach und weh!
Dann das Fräulein Fanny,
ja, des is oane, a nette klaani,
die macht'n Umgang zwegn ihrm Schani,
denn der steht heut Spalier
als Kürassier, mit mir!

5. Und dann kommt der Prinzregent,
Prinzregent, Prinzregent,
mit der Kerzn in de Händ,
die scho nimma brennt.
D'Musi spielt das Königslied,
daß oahm ganz damisch wird
und daß ma s'G'hör verliert.
's letzte Jahr san glei drei Hund krepiert,
weil so a dummes Lied
jed's Viech ruiniert, o weh!

Spottlied auf die große Prozession in München zur Zeit des Prinzregenten Luitpold von Bayern.

Buama, heut geht's lusti zua

2. Überall hörst singen heut,
Ringlspiel ham's auch, mir scheint,
Böller krachn überall,
Kirchtag ist im Jahr einmal.
Heut essn wir schweinernes Bratl
und bachne Äpfelradl
und drübn beim Ochsenwirt
gibt's Kraut und Leberwürscht.

*) *Die Noten werden nur jeweils beim ersten Mal länger gehalten, bei der Wiederholung im Tempo gesungen.*

Volkslied aus Abtenau, Salzburg.

Bergschroa aus den Zillertaler Alpen

Drunt' in der grünen Au

2. Was wächst an dem Ast?
Ein wunderschöner Zweig!
Zweig an dem Ast,
Ast an dem Baum,
Baum in der Au.

3. Was ist auf dem Zweig?
Ein wunderschönes Nest!
Nest auf dem Zweig,
Zweig an dem Ast,
Ast an dem Baum,
Baum in der Au.

4. Was ist in dem Nest?
Ein wunderschönes Ei!
Ei in dem Nest,
Nest auf dem Zweig, ...
Baum in der Au.

5. Was ist in dem Ei?
Ein wunderschöner Vogel!
Vogel in dem Ei,
Ei in dem Nest, ...
Baum in der Au.

6. Was hat denn der Vogel?
Gar wunderschöne Federn!
Federn an dem Vogel,
Vogel in dem Ei, ...
Baum in der Au.

7. Was wird aus den Federn?
Ein wunderschönes Bett!
Bett aus den Federn,
Federn an dem Vogel, ...
Baum in der Au.

8. Wer liegt in dem Bett?
Ein wunderschönes Dirndl!
Dirndl in dem Bett,
Bett aus den Federn,
Federn an dem Vogel,
Vogel in dem Ei,
Ei in dem Nest,
Nest auf dem Zweig,
Zweig an dem Ast,
Ast an dem Baum,
Baum in der Au.

In jeder Strophe werden
alle vorhergehenden Begriffe
(Ast, Zweig, Nest usw.)
rückwärtslaufend wiederholt.

Volkslied aus dem bayerisch-österreichischen Alpenland

Der Vuglbeerbaam

2. Beim Kantor sein Haus steht ein Vuglbeerbaam,
da sitzt unser'm Kantor sei Weibl dernaabn.

3. Na, laßt se nur sitzen, sie schläft ja dobei,
und hat se's verschlafen, dann hol'n mer se rei.

4. Und wenn i gestorb'n bin, i werd's nich derlaabn,
da pflanzt auf mein Grab einen Vuglbeerbaam.

Volkslied aus dem Erzgebirge.

Was is denn das grad für ein Gsang?

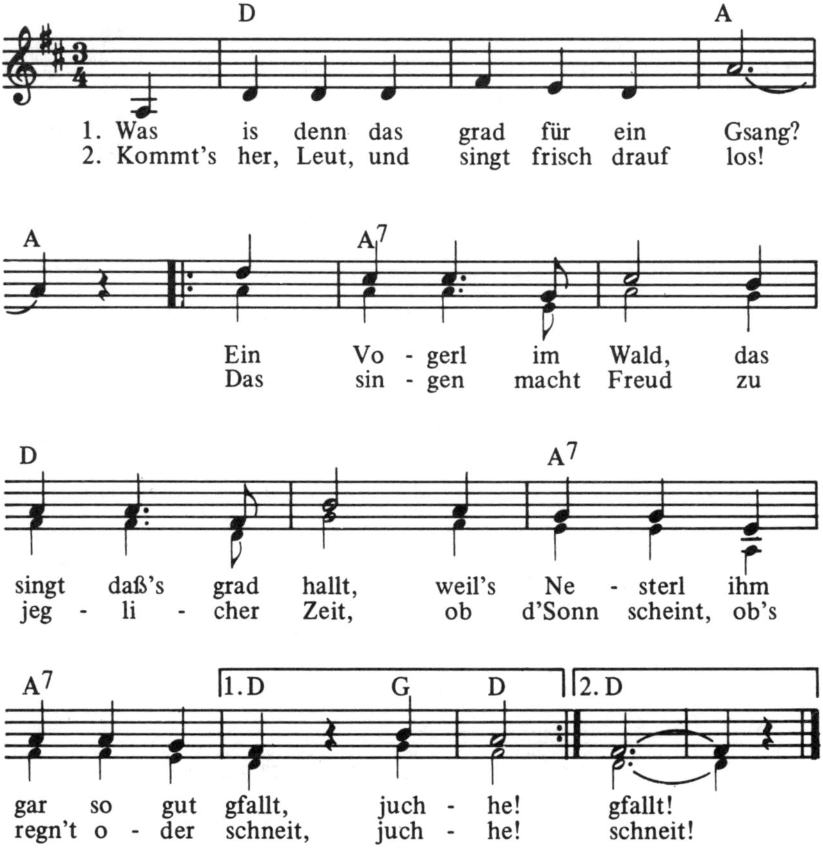

Volkslied aus Salzburg;
2. Strophe von Anton Dawidowicz.

Auf den Rabenklippen

2. Tief im Moore brodelt's und im Chore jodelt's
in die rabenschwarze Nacht hinaus;
keine Brandungslücke, keine Landungsbrücke
gibt's in diesem Meer von Angst und Graus.
Selbst ein dummer Stänker wird ein stummer Denker,
wenn er so viel Grauses hört und schaut.
Trinkt noch schnell nen Bittern, sinkt zur Stell mit Zittern,
mit ner Kreidehaut ins Heidekraut.

Text Heinrich Seidel (1842 - 1906); Melodie: K. G. Reissiger (1798 - 1859)

Sie ging zum Bache

2. |: Als sie gewaschen die Füße –
das Wasser war schaurig kalt –, :|
da seufzte die holde, die süße, ju, ja, die süße:
Jetzt wasch ich sie nimmer so bald, ju, ja,
jetzt wasch ich sie nimmer so bald.

Text mündlich überliefert (seit etwa 1890);
Melodie nach „Die Rosen blühen im Tale“.

Herr Hadubrand

2. Er liebte einst ein Mägdelein
und ging mit ihr Verlobung ein.
Der Ritter war ein finstrer Mann,
den niemand richtig leiden kann.
Mägdelein, sei nicht dump,
laß ihn laufen, diesen Lump.

3. Der Ritter hat in einer Nacht
ihr ganzes Vermögen umgebracht.
Doch dann verließ er sie sofort,
trotzdem er Treue ihr geschwort.
Er ging fort, er ging fort,
trotzdem Treue er geschwort.

4. Das arme Mägdlein weint gar sehr,
so sehr weint heut kein
Mägdlein mehr.
Sie stieg herab vom Ritterschloß,
da floß vorbei ein tiefer Floß.
In den Floß, in den Floß,
sich das arme Mägdlein schmoß.

5. Herr Hadubrand in seiner Kammer,
der schlief da grad den süßen
Schlammer.
Doch als die Glocke schlug zwölf Uhr,
da trat ein Schreckgespenst hervur.
Ein Gespenst, riesengroß,
's war das Fräulein aus dem Schloß.

6. Der Ritter zittert, und es grinst
ihn an das schreckliche Gespinst.
Schnell zog er über Kopf und Wanst
die Bettdeck vor dem Schreckgespanst.
Das Gespanst, das Gespunst
tritt ans Bett heran und grunzt.

7. Das Mägdlein kam nun jede Nacht,
hat an dem Ritter sich geracht.
Jedoch es half ihm keine Kunst,
stets kam und heulte das Gespunst.
„Hadubrand, Hadubrand!
Pfui, pfui Teufel" und verschwand.

8. Solch Geisterspuk, o welch ein Graus,
hält selbst ein Rittersmann nicht aus.
Und eines Tags in aller Fruh,
fand man ihn tot am Kanapu!
Und so ward, kaum vollbracht,
furchtbarlich die Tat geracht.

Text u. Melodie: mündlich überliefert,
Fassung: Gerhard Buchner
© 1999 Voggenreiter Verlag, Bonn

Von den blauen Bergen kommen wir

Melodie nach „She'll be coming round the mountain when she comes",
Textfassung: Gerhard Buchner

© 1999 Voggenreiter Verlag, Bonn"

Schön ist ein Zylinderhut

2. Hat man der Zylinder drei, hat man einen mehr als zwei.
Vier Zylinder, das sind grad zwei Zylinder ins Quadrat.

3. Fünf Zylinder sind genau für drei Kinder, Mann und Frau.
Wenn man sechs Zylinder hat, ist's ein halbes Dutzend grad.

4. Sieb'n Zylinder sind genug für 'nen kleinen Leichenzug.
Hat man der Zylinder acht, wird der Pfarrer auch bedacht.

5. Hat man der Zylinder neun, kriegt der Mesner auch noch ein'n.
Zehn Zylinder sind bequem für das Dezimalsystem.

6. Elf Zylinder, o wie fein, sind zwölf Zylinder minus ein.
Zwölf Zylinder, o wie schön, würden den Aposteln stehn.

Text mündlich überliefert;
Melodie nach dem alten Studentenlied „Studio auf einer Reis".

Vornehme Leute 1600 m hoch

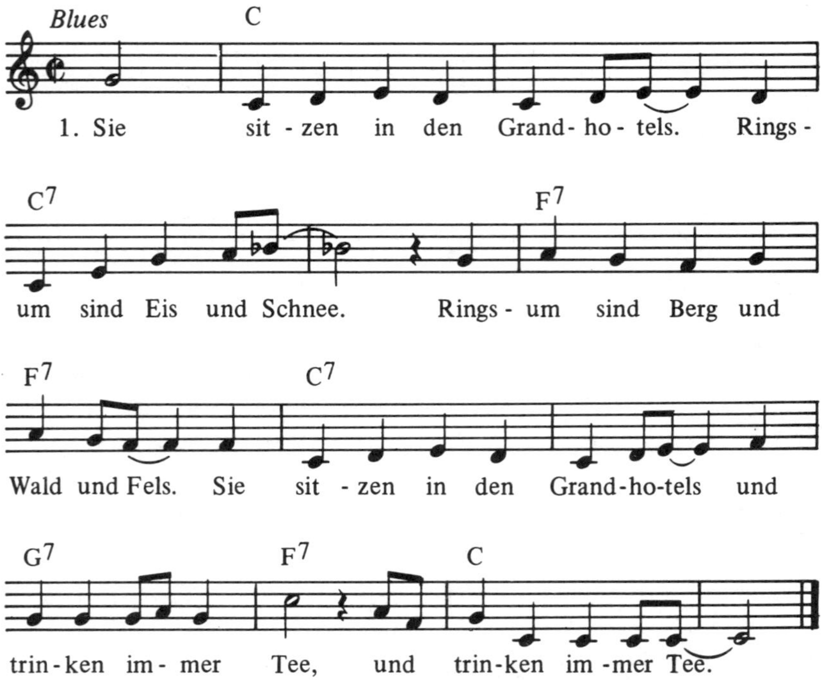

2. Sie haben ihren Smoking an.
Im Walde klirrt der Frost.
Ein kleines Reh hüpft durch den Tann.
Sie haben ihren Smoking an
und lauern auf die Post, und lauern auf die Post.

3. Sie tanzen Blues im Blauen Saal,
wobei es draußen schneit.
Es blitzt und donnert manches Mal.
Sie tanzen Blues im Blauen Saal
und haben keine Zeit, und haben keine Zeit.

4. Sie schwärmen sehr für die Natur
und heben den Verkehr.
Sie schwärmen sehr für die Natur
und kennen die Umgebung nur
von Ansichtskarten her, von Ansichtskarten her.

5. Sie sitzen in den Grandhotels
und sprechen viel von Sport.
Und einmal treten sie im Pelz
sogar vors Tor des Grandhotels
und fahren wieder fort, und fahren wieder fort.

Text: Erich Kästner aus „Dr. Erich Kästners Lyrische Hausapotheke“.
© by Erich Kästner Erben, München
Musik: Gerhard Buchner.
© Franz Schneider Verlag, München.

Du, du, dalkerta Jagersbua

2. Du, du, dalkerta Müllnersbua,
i, i, werd dir's auszahln!
I, i, ziag dir dei Wasserl ab,
daß du nimmer kannst mahl'n!

3. Du, du, dalkerta Schreibersgsell,
i, i, werd dirs austreibn!
I, i, sauf dir dei Tintn aus,
daß du nimmer kannst schreibn!

*) dalkert = *dumm, ungeschickt.*

Text: Erich Kästner, Quelle: Erich Kästner, Lärm im Spiegel
© Atrium Verlag, Zürich und Thomas Kästner,
Melodie: Gerhard Buchner
© Voggenreiter Verlag, Bonn

Die lustigen Holzhackerbuam

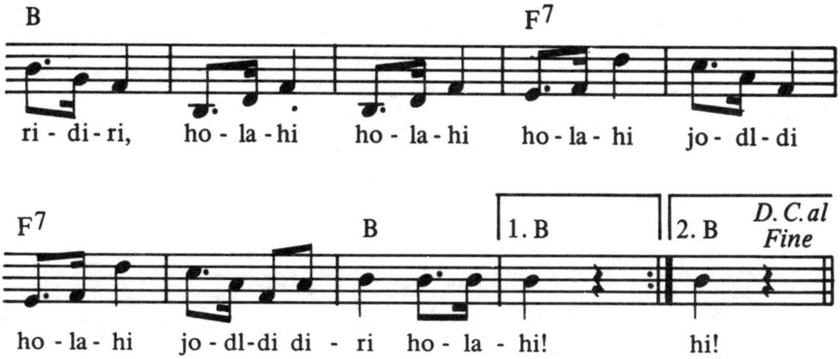

Text u. Melodie: F.J. Wagner (+1908),
Bearbeitung: Gerhard Buchner
© 1999 Voggenreiter Verlag, Bonn

Stad, stad, daß di net draht

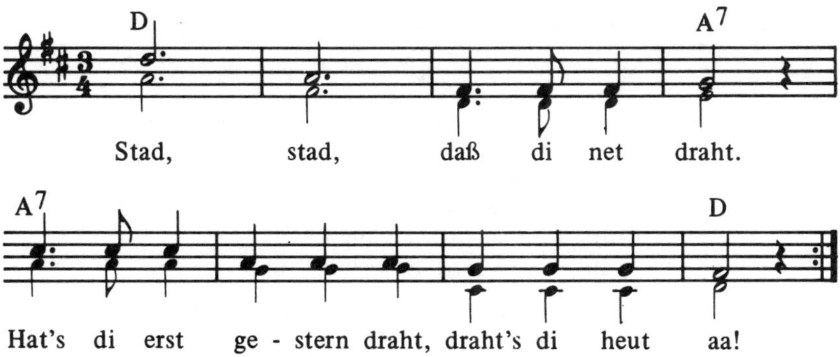

Oberbayerisches Wirtshauslied.

Wann der Auerhahn balzt

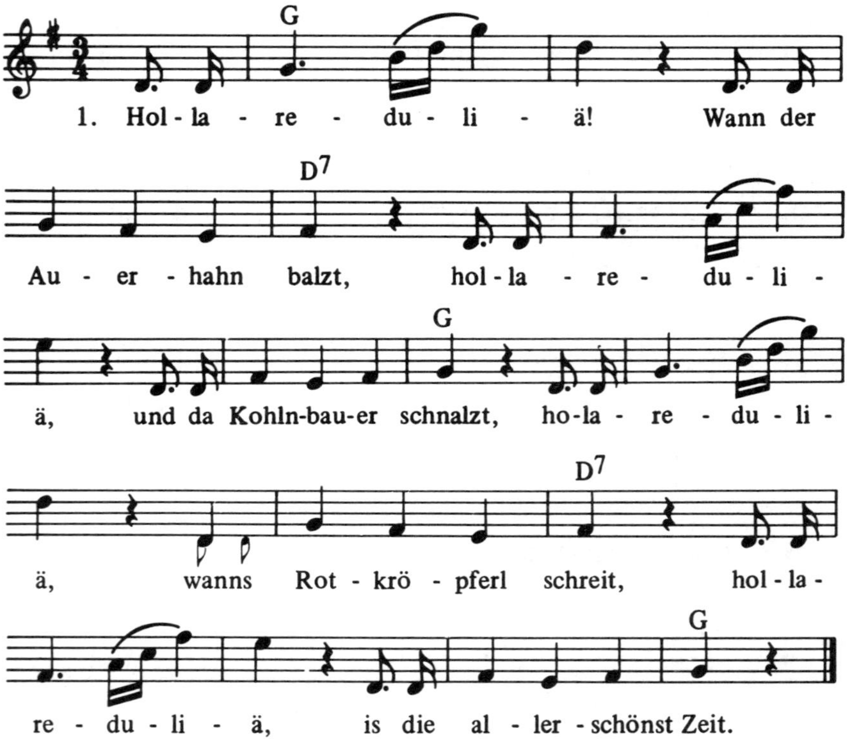

2. Hollareduliä! Wann der Mondschein schön scheint,
hollareduliä, und wann's Dirndl a greint,
hollareduliä, geh' zum Fensterl i hin,
hollareduliä, weil i schneidig halt bin!

3. Hollareduliä! So schlank wie a Reh,
hollareduliä, und so still wie a See,
hollareduliä, und so süß is mei Dirn,
hollareduliä, wie a Salzburger Birn.

4. Hollareduliä! Und i und mei Rausch,
hollareduliä, wir san allweil im Tausch,
hollareduliä, bald hat der Rausch mi,
hollareduliä, und bald hab'n i!

Volkslied mit Jodler aus dem Alpenland

Am Abend in der Hütt'n

Lueget, von Berg und Tal

2. Still auf den Bergen wird's Nacht,
aber der Herrgott stets wacht.
Seht ihr das Sternlein dort scheinen,
Sternlein wie bist du so feine,
seht an der Wolke dort steht's.
|: Sternlein, Gott grüß dich, wie geht's? :|

3. Hört nur es sagt uns: Gar gut!
Hält mich doch Gott in der Hut!
Wahrlich der Vater von allen,
läßt mich gewißlich nicht fallen,
Vater im Himmel hält Wacht.
|: Sternlein, lieb Sternlein, gut Nacht! :|

Schweizerischer Originaltext

1. Lueget, vo Berg und Tal
flieht scho der Sunnestrahl!
Lueget uf Auen und Matte
wachse die dunkele Schatte:
D'Sunn uf de Berge no stoht!
O, wie si d'Gletscher so rot!

2. Lueget do aben a See!
Heimetzue wendet si 's Veh;
loset, wie d'Glogge, die schöne,
fründlig im Moos is ertöne.
Chüeserglüt, üseri Lust
tuet is so wohl i der Brust!

3. Still a de Berge wird's Nacht,
aber der Herrgott dä wacht.
Gseht-er sälb Sternli dört schine?
Sternli, wie bisch du so fine!
Gseht-er, am Nebel dört stoht's!
Sternli, Gott grüeß di, wie goht's!

4. Loset, es seit is: „Gar guet.
Het mi nit Gott i der Huet?
Frili, der Vater von alle
loht mi gwüß währli nit falle.
Vater im Himmel, dä wacht."
- Sternli, liebs Sternli, guet Nacht!

Text Josef Anton Henne (1798 - 1870),
Melodie Ferdinand Huber (1791 - 1863).

Zwischen Berg und Tal

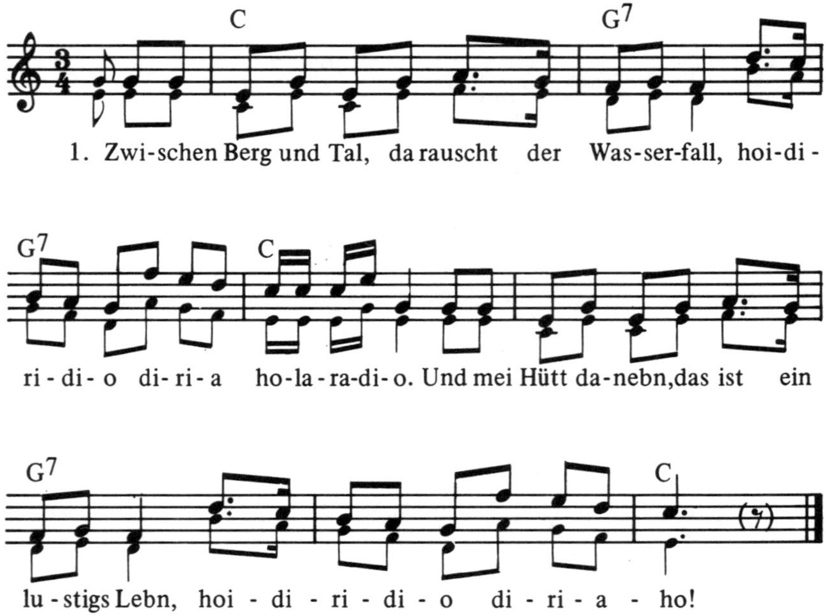

2. Wenn über d' Almen hin,
die Sternlein aufiziehn,
juchz ich laut vor Lust,
so recht aus voller Brust.

3. Bei der Hüttntür
da schieb ich's Riegerl vür,
ich leg mich ins Heu,
ganz ruhig und sorgenfrei.

Jodlerlied aus dem Pinzgau.

Kein schöner Land

2. Da haben wir so manche Stund
gesessen da in froher Rund,
|: und taten singen,
die Lieder klingen im Eichengrund! :|

3. Daß wir uns hier in diesem Tal
noch treffen soviel hundertmal,
|:Gott mag es schenken,
Gott mag es lenken, er hat die Gnad. :|

4. Nun Brüder, eine gute Nacht,
der Herr im hohen Himmel wacht,
|: in seiner Güten,
uns zu behüten, ist er bedacht. :|

Text A. Wilhelm von Zuccalmaglio · Melodie 19. Jahrhundert

Die Alpen erglühen im Abendschein

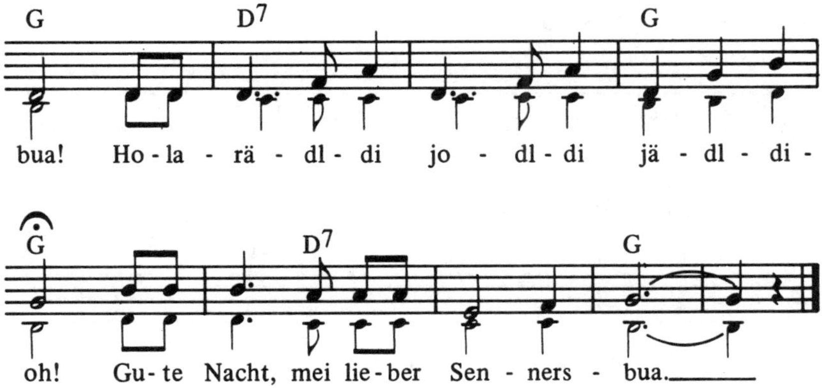

2. Dort steht ja mei Schatzerl wohl auf der Höh
sie ist so schön, so schlank wie(r) a Reh.
Gute Nacht, mei liebs Schatzerl, treib heim deine Küh,
schlaf wohl bis morg'n in der Früh.
Sie winkt mit dem Tücherl so freundli mir zua:
Gute Nacht, gute Nacht, mei liaber Sennersbua . . .

3. Die Hörner erschallen herab von den Höhn,
drum laßt uns froh in das Tal hinausgehn
vom Berge her leuchtet ein Wetterstrahl,
der Herr bhüt mei Hütterl im Tal.
Ihr Senner, ihr Senner seid jetzt guter Ruh.
Gute Nacht, gute Nacht, mei lieber Sennersbua . . .

Text und Melodie aus dem Salzburger Land.

Der Mond ist aufgegangen

1. Der Mond ist auf ge - gan - gen, die gold-nen
Der Wald steht schwarz und schwei-get, und aus den

Stern-lein pran - gen am Him-mel hell und klar.
Wie-sen stei - get der wei - ße Ne - bel wunderbar.

2. Wie ist die Welt so stille und in der Dämmrung Hülle
so traulich und so hold
als eine stille Kammer, wo ihr des Tages Jammer
verschlafen und vergessen sollt.

3. Sehr ihr den Mond dort stehen? Er ist nur halb zu sehen
und ist doch rund und schön:
so sind wohl manche Sachen, die wir getrost belachen,
weil unsre Augen sie nicht sehn.

4. Wir stolzen Menschenkinder sind eitel arme Sünder
und wissen gar nicht viel.
Wir spinnen Luftgespinste und suchen viele Künste
und kommen weiter von dem Ziel.

5. Gott, laß dein Heil uns schauen,
auf nichts Vergänglichs trauen,
nicht Eitelkeit uns freun;
laß uns einfältig werden
und vor dir hier auf Erden
wie Kinder fromm und fröhlich sein!

6. So legt euch denn, ihr Brüder, in Gottes Namen nieder;
kalt ist der Abendhauch.
Verschon uns, Gott, mit Strafen und laß uns ruhig schlafen
und unsern kranken Nachbarn auch.

Text Matthias Claudius (1740-1815)
Melodie Johann Abraham Peter Schulz (1747-1800)

Ade zur guten Nacht

2. Es trauern Berg und Tal,
wo ich vieltausendmal bin drüber gangen.
|: Das hat deine Schönheit gemacht,
hat mich zum Lieben gebracht mit großem Verlangen. :|

3. Das Brünnlein rinnt und rauscht,
wohl unterm Holderstrauch, wo wir gesessen.
|: Wie manchen Glockenschlag,
da Herz bei Herzen lag, das hast du vergessen. :|

4. Die Mädchen in der Welt
sind falscher als das Geld mit ihrem Lieben.
|: Ade zur guten Nacht!
Jetzt wird der Schluß gemacht, daß ich muß scheiden. :|

Text und Melodie aus Mitteldeutschland (um 1850)

Guter Mond, du gehst so stille

2. Guter Mond, dir darf ich's klagen,
was mein banges Herze kränkt,
und an wen mit bittern Klagen
die betrübte Seele denkt!
Guter Mond, du sollst es wissen,
weil du so verschwiegen bist,
warum meine Tränen fließen,
und mein Herz so traurig ist.

3. Dort in jenem kleinen Tale,
wo die dunklen Bäume stehn,
nah bei jenem Wasserfalle
wirst du eine Hütte sehn;
geh durch Wälder, Bäch und Wiesen,
blicke sanft durchs Fenster hin,
so erblickest du Elisen,
aller Mädchen Königin.

4. Nicht in Gold und nicht in Seide
wirst du dieses Mädchen sehn;
nur in schlichtem, nettem Kleide
pflegt mein Mädchen stets zu gehn.
Nicht vom Adel, nicht vom Stande,
was man sonst so hoch verehrt,
nicht von einem Ordensbande
hat mein Mädchen ihren Wert.

5. Nur ihr reizend gutes Herze
macht sie liebenswert bei mir;
gut im Ernste, froh im Scherze,
jeder Zug ist gut an ihr;
ausdrucksvoll sind die Gebärden
froh und heiter ist ihr Blick;
kurz, von ihr geliebt zu werden,
scheinet mir das höchste Glück.

6. Mond, du Freund der reinsten Triebe,
schleich dich in ihr Kämmerlein;
sage ihr, daß ich sie liebe,
daß sie einzig und allein
mein Vergnügen, meine Freude,
meine Lust, mein alles ist,
daß ich gerne mit ihr leide,
wenn ihr Aug in Tränen fließt!

7. Daß ich aber schon gebunden
und, nur leider zu geschwind,
meine süßen Freiheitsstunden
schon für mich verschwunden sind:
Und daß ich nicht ohne Sünde
lieben könne in der Welt,
lauf und sag's dem guten Kinde,
ob ihr diese Lieb gefällt?

Text und Melodie im 18. Jahrhundert entstanden.

Kimmt schean hoamli die Nacht

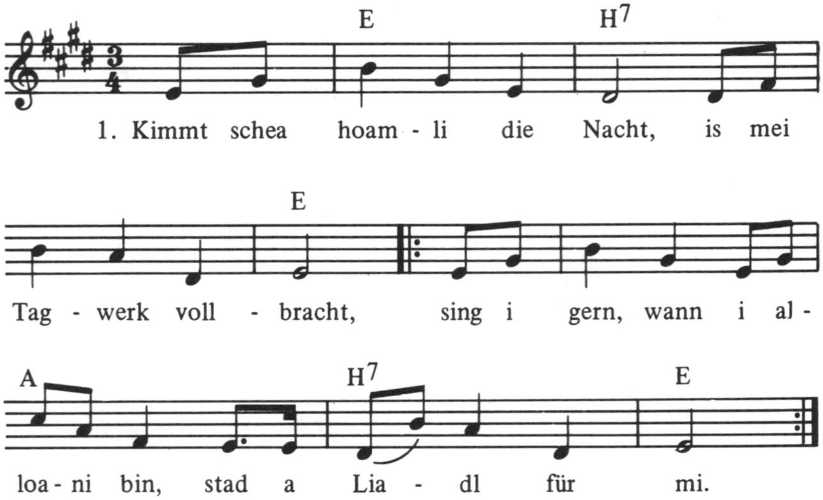

2. Und wie gut is die Ruh,
geh i's Feldwegerl zu,
sogar 's Fischerl drin im Wiesnbach
springt koan Fliegerl mehr nach.

3. Wann i do grad a Stund
beim Herzliebstn sein kunnt.
Hab im Herzn ja koan andern drin,
a, wie glückli i bin.

Aus Oberbayern überliefert von Wastl Fanderl.

Fein sein, beinander bleibn

2. |: Gscheit sein, net einitap-pn :|
es steckt oft der Fuchs in der Zipflkap-pn,
|: gscheit sein, net einitap-pn :|

3. |: Frisch sein, net ummermok-kn :|
und geht aa dei Häusl und d' Liab in Brok-kn
|: frisch sein, net ummermok-kn :|

4. |: Treu sein, net außigra-sn :|
denn d' Liab ist so zart wiar a Soafnbla'sn :|
|: treu sein, net außigra-sn :|

Die erste Strophe geht auf einen alten Kitzbühler Spruch zurück. Die anderen soll der Zillertaler Scharfschützenhauptmann J. v. Schmuck (1810 - 1882) aus dem Stegreif ergänzt haben. Melodie und Text sind in Tirol, Salzburg und Bayern verbreitet.

Aber heidschi bumbeidschi

2. Aber heidschi bumbeidschi, schlaf süaße,
die Engelein lassn di grüaße!
Sie lassn di grüaßn und lassn di fragn,
ob du in' Himml spazieren willst fahrn.
Aber heidschi bumbeidschi bumbum . . .

3. Aber heidschi bumbeidschi, in Himml,
da führt di a schneeweißa Schimml,
drauf sitzt a kloans Engerl mit oana Latern,
drein leuchtet vom Himml da allerschönst Stern.
Aber heidschi bumbeidschi bumbum . . .

4. Und da Heidschi-Bumbeidschi is kumma
und hat ma mei Büabal mitgnumma.
Er hat ma's mitgnumma und hat's nimma bracht,
drum wünsch i mein Büabal a recht guate Nacht!
Aber heidschi bumbeidschi bumbum . . .

Text und Melodie aus Tirol.

O du stille Zeit

1. O du stille Zeit, kommst eh wir's gedacht,
über die Berge weit, über die Berge weit,
gute Nacht.

2. In der Einsamkeit rauscht es nun so sacht,
über die Berge weit, über die Berge weit,
gute Nacht!

Josef Frhr. v. Eichendorff (1788 - 1857).

Glockenjodler

Jodler aus der Steiermark.

Andachtsjodler

„Andachtsjodler" aus Südtirol, um 1830 erstmals in Sterzing in der Christmette gesungen; aufgezeichnet von Jos. Pommer.

Abendjodler

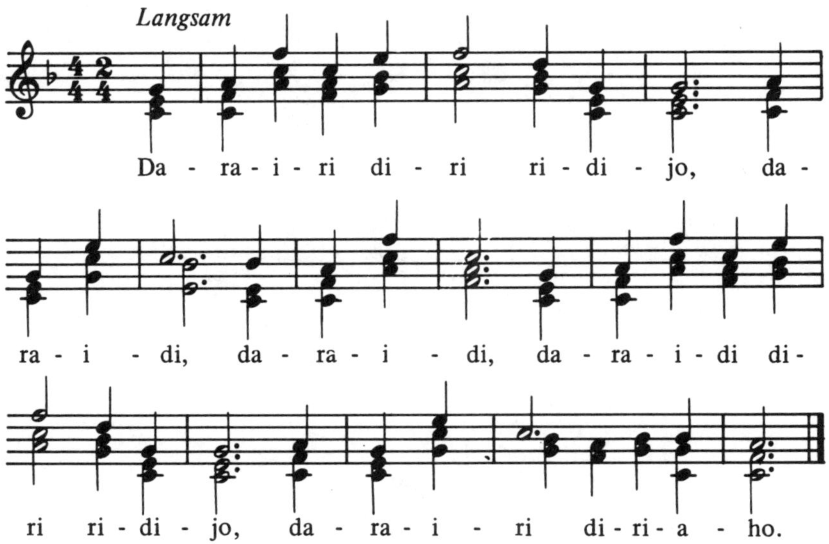

Jodler aus der Steiermark.
Aus der Sammlung „Almrausch" von Anton Werle (vor 1884).

Still, still

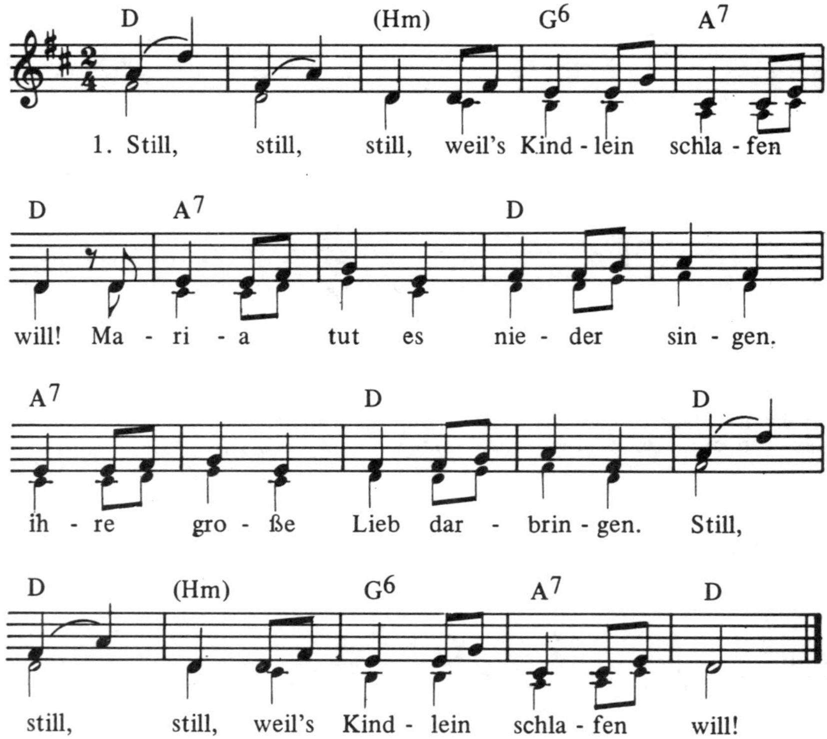

2. Schlaf, schlaf, schlaf,
mein liebes Kindlein schlaf!
Die Engel tun schön musizieren,
bei dem Kindlein jubilieren.
Schlaf, schlaf . . .

3. Groß, groß, groß,
die Lieb ist übergroß.
Gott hat den Himmelsthron verlassen
und muß reisen auf den Straßen.
Groß, groß . . .

4. Wir, wir, wir,
wir rufen all zu dir.
Tu uns des Himmels Reich aufschließen,
wenn wir einmal sterben müssen!
Wir, wir . . .

Text und Melodie aus Salzburg

Es wird scho glei dumper

2. Vergiß jetzt, o Kinderl,
dein Kumma, dei Load,
daß du da mußt leidn
im Stall auf da Hoad.
Es ziern ja die Engerl
dei Lagerstatt aus,
möcht schöner nit sei drin
an König sei Haus.

3. Schließ zua deine Äugerl
in Ruh und in Fried,
und gib ma zum Abschied
dein Seg'n no grad mit!
Dann wird a mein Schlaferl
so sorgenlos sein,
dann kann i mi ruhig
aufs Niedalegn freun.

dumper = *dunkel*
Load = *Leid*
Hoad = *Heide*

Weihnachtslied aus Tirol.

Auf dem Berge da wehet der Wind

Volkslied aus Oberschlesien.

Instrumentale Begleitung der Volkslieder

Singen ist am schönsten, wenn einer oder mehrere Musikanten mit Instrumenten begleiten. Als Begleitinstrumente sind Gitarre - die „kleine Zupfgeige“ - und Handharmonika (Akkordeon) besonders beliebt. Beide Instrumente lassen sich mit vielen anderen kombinieren. So überrascht es nicht, daß in den vielen verschiedenen Besetzungen einer zünftigen „Stubnmusi“ immer wieder Gitarre und Akkordeon dabei sind, auch wenn man sie nicht als charakteristische Instrumente alpenländischer Volksmusik bezeichnen kann. Bodenständige Volksmusikinstrumente sind vor allem Zither und Hackbrett. Daneben ist die Tiroler Volksharfe - die „große Zupfgeige“ - beliebt. Hinzu kommen Mundharmonika, Streich- oder Zupfbaß sowie Blasinstrumente, vor allem die Klarinette. Auch die Blockflöte wird gerne gespielt. Zu den ausgefallenen Instrumenten zählen das Brummeisen - die „Maultrommel“ - und das Alphorn, das allerdings schon wegen seiner Ausmaße und seines durchdringenden Tons nur im Freien gespielt wird und als Begleitinstrument für Volkslieder in der Stubn ungeeignet ist.

Für die Besetzung einer zünftigen Stubn- oder Tanzlmusi gibt es die verschiedensten Möglichkeiten, zum Beispiel:

Hackbrett, Zither, Gitarre.

Hackbrett, Akkordeon, Gitarre, Baß.

Zither, Gitarre, Akkordeon.

Zither, Gitarre, Blockflötentrio (Sopran-, Alt-, Baß-Flöte).

Klarinette, Akkordeon, Gitarre, Baß.

Im folgenden werden wichtige Tips für die Liedbegleitung mit Gitarre und Akkordeon gegeben. Daran anschließend werden einige spezifische Instrumente alpenländischer Volksmusik kurz vorgestellt.

Kleine Anleitung zur Liedbegleitung auf der Gitarre

Die Saiten der (üblich gestimmten) Gitarre klingen in der Reihenfolge:

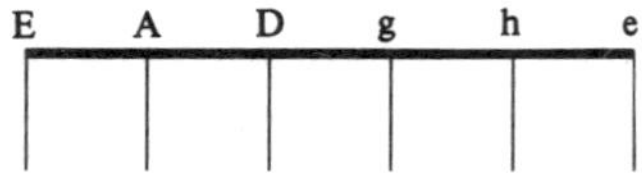

Der Zusammenklang der Saiten ergibt zunächst einen recht interessanten Akkord, der sich allerdings nicht zum Begleiten der hier gesammelten Lieder eignet. Damit harmonisch passende Zusammenklänge entstehen, müssen bekanntlich die Saiten mit den Fingern der **linken Hand** an bestimmten Stellen niedergedrückt („gegriffen") werden; zur Erleichterung gibt es dazu die *Bünde* (die Querrippen am „Hals" der Gitarre), die jeweils Halbtonschritte markieren. Alle Griffe, die für die Akkordbegleitung der Lieder in diesem Buch benötigt werden, sind in der nachfolgenden *Grifftabelle* (Seite 172) dargestellt. Die senkrechten Striche bedeuten dabei die Saiten der Gitarre (E A D g h e), die Querstriche die obersten Bünde.

Für manche Akkorde ist ein sogenannter Barrégriff erforderlich. Beim Barrégriff preßt man den 1. Finger (Zeigefinger) fest über mehrere Saiten. Das ist u. a. für kleinere Hände nicht so einfach. Um häufige Barrégriffe zu vermeiden, kann man den *Kapodaster* (kurz *Kapo*) ansetzen. Durch diese verstellbare Klammer wird die Stimmung sämtlicher Saiten von Bund zu Bund um jeweils einen halben Ton erhöht. Mit dem Kapo im ersten Bund kann man z. B. F-Dur mit den leichteren Griffen von E-Dur spielen. Man greift dann entsprechend die E-Dur-Akkorde versetzt um einen Bund höher.

Dieses Verfahren ist auch von Vorteil, wenn ein mitbegleitender anderer Instrumentalist - z. B. ein Akkordeon-Spieler - ein Lied in einer anderen Tonart eingeübt hat. Der Gitarrist kann sich mit Hilfe des Kapos sehr leicht auf dessen Wunsch nach einer anderen Tonart einstellen. Wo dann der Kapo anzusetzen ist, läßt sich aus der folgenden Tafel schnell ersehen:

Geschriebene und gegriffene Tonart:		F	C	G	D	A	E	Am	Em
Klingende Tonart bei Kapo im:	1. Bund	Fis	(Cis) Des	(Gis) As	(Dis) Es	B	F	Bm	Fm
	2. Bund	G	D	A	E	H	Fis	Hm	Fis^{m}
	3. Bund	(Gis) As	(Dis) Es	B	F	C	G	Cm	Gm
	4. Bund	A	E	H	Fis	(Cis) Des	(Gis) As	(Cis^{m}) Des^{m}	(Gis^{m}) As^{m}
	5. Bund	B	F	C	G	D	A	Dm	Am
	6. Bund	H	Fis	(Cis) Des	(Gis) As	(Dis) Es	B	(Dis^{m}) Es^{m}	Bm
	7. Bund	C	G	D	A	E	H	Em	Hm

Die wichtigsten Akkorde zum Begleiten eines Liedes stehen in jeder Tonart auf der ersten, vierten und fünften Stufe der Tonleiter. Die *Grifftabelle* ist so angeordnet, daß die erste Stufe jeweils in der Mitte zwischen der vierten und fünften Stufe zu finden ist, z.B.:

F	C	G
	Tonart	
4. Stufe	= 1. Stufe	5. Stufe
Subdominante	*Tonika*	*Dominante*

Die fünfte Stufe wird sehr häufig als Sept-Akkord verwendet. Dieser Sept-Akkord steht in der Tabelle immer unter dem Grundakkord, z.B.

G
G^7

Moll-Akkorde werden hier in der international üblichen Schreibweise bezeichnet, z.B. Am, also mit großen Buchstaben mit dem Zusatz „m“ für moll oder englisch „minor“. Diese Moll-Akkorde finden sich in der Tabelle nun nicht bei der zugehörigen (= parallelen) Dur-Tonart, sondern wegen der besseren Übersichtlichkeit unter dem betreffenden Buchstaben. A-moll (= Am) steht nicht unter C-Dur (C), sondern unter dem Buchstaben A.

Für den 7. Ton der C-Dur-Tonleiter wird hier, wie bei uns üblich, H geschrieben und nicht B gemäß der angloamerikanischen Schreibweise. B bezeichnet hier die bereits um einen halben Ton erniedrigte 7. Stufe (nach angloamerikanischer Schreibwese Bb).

Die Vorzeichen, soweit sie hier vorkommen, bedeuten:

 = G-Dur oder E-moll  = C-Dur oder A-moll

 = D-Dur oder H-moll  = F-Dur oder D-moll

 = A-Dur oder Fis-moll  = B-Dur oder G-moll

 = E-Dur oder Cis-moll  = Es-Dur oder C-moll

In der Regel sind in diesem Buch die Tonarten schon jeweils am ersten angegebenen Akkordgriff zu erkennen.

Natürlich kommen die Saiten der Gitarre erst dann zum Klingen, wenn man sie mit der **rechten Hand** anschlägt. Dazu gibt es verschiedene Möglichkeiten. Am einfachsten ist es, beim Begleiten die Saiten rhythmisch von der tiefsten bis zur höchsten Saite und umgekehrt durchzuschlagen; entweder mit dem Zeige-, Mittel- und Ringfinger oder mit einem *Plektrum,* einem dreieckigen, an den Ecken abgerundeten Plastikplättchen, das elastisch zwischen Daumen und Zeigefinger gehalten wird. Entsprechend der Haltung der Gitarre nennt man Schläge von den tiefen zu den hohen Saiten „Abschläge“, von den hohen zu den tiefen „Aufschläge“.

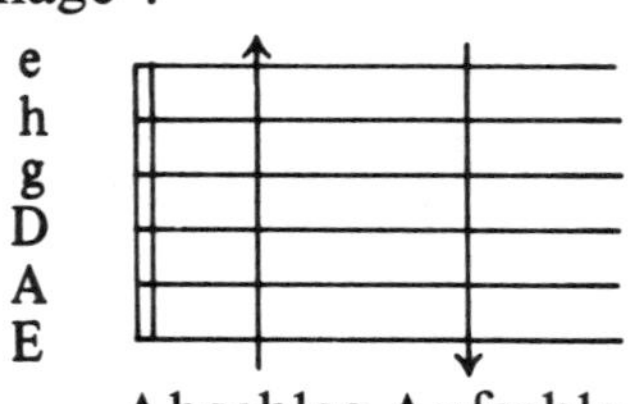

Abschlag Aufschlag

Zu beachten ist, daß bei den in der Tabelle angegebenen Griffen manchmal die tiefsten Saiten nicht mitgeschlagen werden dürfen, da sie nicht zum Akkord passen. Das gilt z. B. für die Akkorde H, D, F. In der Tabelle sind diese Saiten jeweils durch ein x gekennzeichnet.

Beim *Rhythmusspiel* bewegt sich die rechte Hand - locker aus dem Handgelenk - gleichmäßig ab- und aufwärts. Wer z. B. in einem 4/4-Takt nur Abwärtsschläge zum Klingen bringen will, muß dazwischen die Hand immer wieder aufwärts führen. Klingende und leere (Luft-) Schläge sollen ganz regelmäßig (z. B. im sog. „Achtelfeeling", gezählt *1 und 2 und 3 usw.*) verlaufen.

Die Schlagtechnik kann dadurch verfeinert werden, daß man den *Akkordschlag aufteilt* in Baß-(E A D) und Diskantsaiten (g h c).

Für dieses Rhythmusspiel gibt es unendlich viele Varianten, die hier nicht im einzelnen dargestellt werden können. Anregungen dazu sind in dem Liederbuch „Frei wie der Wind" (erschienen im Franz Schneider Verlag) zu finden.

Bei anderen Anschlagarten spricht man auch von „Zupfen". Damit ist keineswegs ein unkontrolliertes Rupfen oder Hochreißen der Saiten gemeint. Zupfen bedeutet hier, die Saiten mit den Fingerkuppen anschlagen, d. h. in Schwingungen ziemlich parallel zum Körper der Gitarre zu versetzen.

So kann man z. B. mit dem Daumen allein alle Saiten in schneller Abwärtsbewegung anschlagen, um einen Akkord zu erzielen. Wirkungsvoller ist es freilich, den Daumen nur für den Baßton, Zeige-, Mittel- und Ringfinger für den nachfolgenden Akkord auf den Diskantsaiten einzusetzen. Dabei kann der Daumen auch *wechselnde Bässe* bei gleichbleibenden Akkorden (sog. Wechselbässe) spielen.

Kleine Buchstaben bedeuten in diesem Liederbuch Baßnoten für Gitarrespieler. Z. B. bezeichnet D/a den D-Dur-Akkord mit der Baßnote A.

Grifftabelle für Gitarre

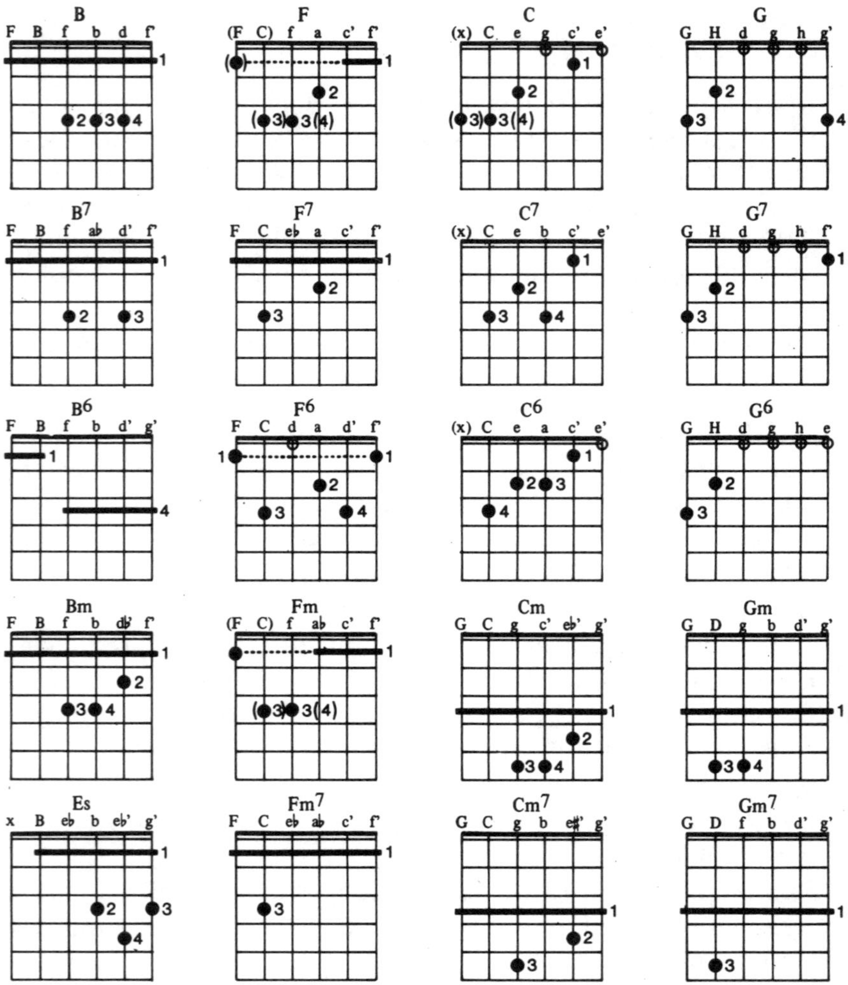

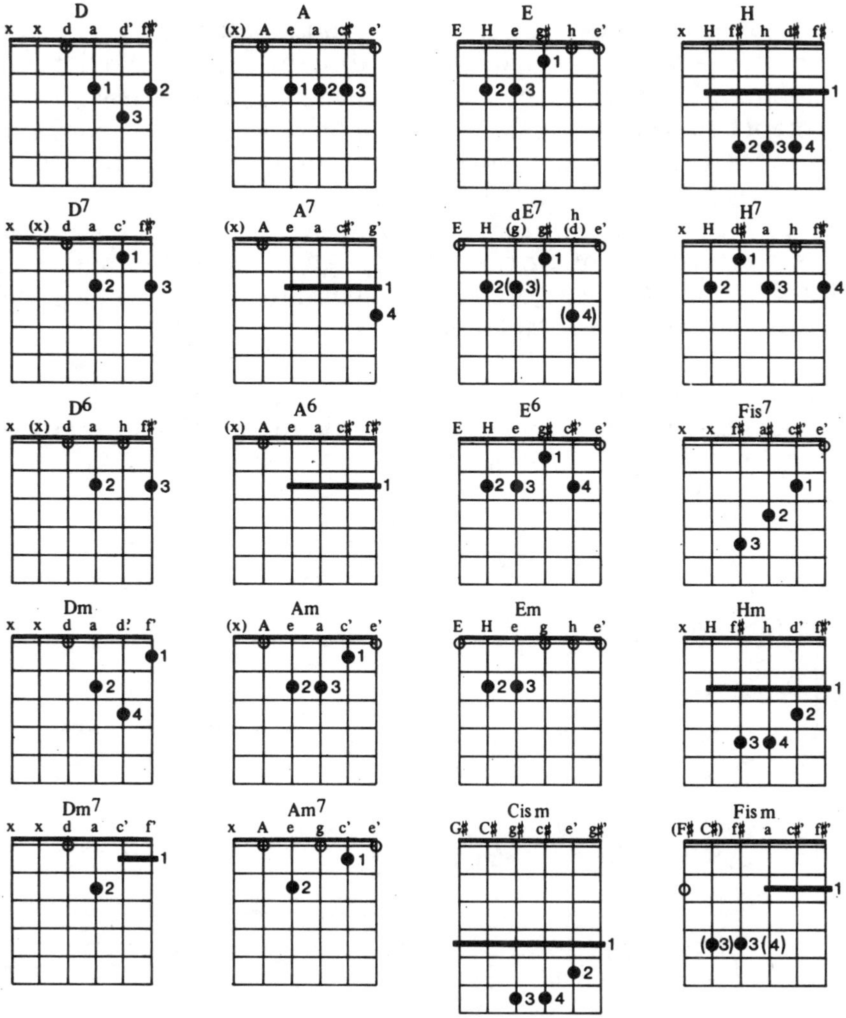

x = diese Saite wird nicht geschlagen;
o = leer klingende Saite

Kleine Anleitung zur Liedbegleitung auf dem Akkordeon

Zur Begleitung der in diesem Liederbuch gesammelten Lieder eignet sich vor allem auch das Akkordeon. Für die Art der Begleitung ist ausschlaggebend, inwieweit der Spieler das Instrument beherrscht. Auf dem Akkordeon kann man entweder nur die Melodie oder auch nur die Begleitung, am besten natürlich beides zusammen, spielen. In der folgenden kurzen Einführung wird gezeigt, wie das Akkordeon als Melodie- und Begleitinstrument einzusetzen ist. Aus den Buchstabensymbolen über den Melodien lassen sich hübsche Arrangements für Solo- und Begleitspiel entwickeln.

Für das Akkordeon-Spiel werden im allgemeinen die Grundbässe mit großen, die Akkorde mit kleinen Buchstaben angegeben, z.B.

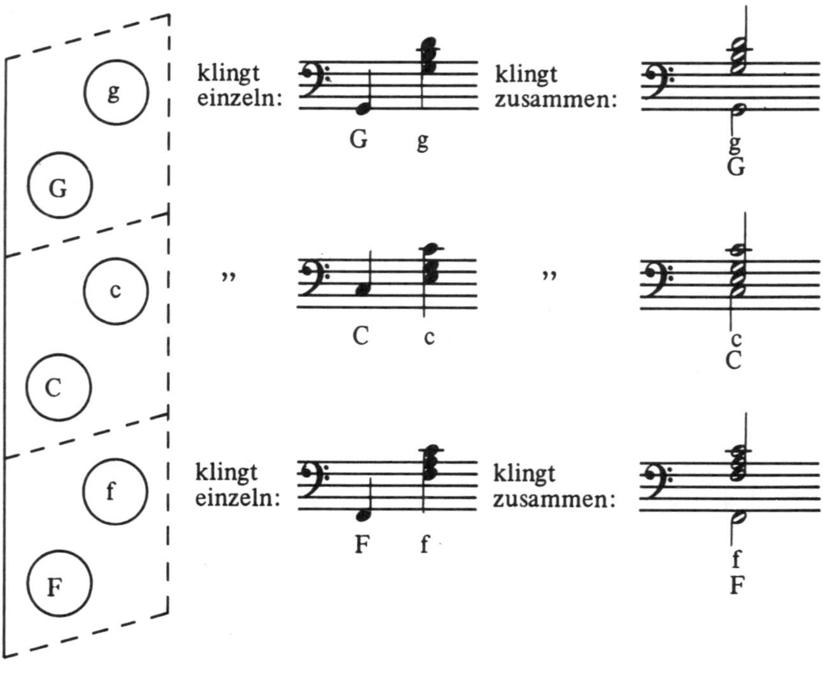

In diesem Liederbuch sind die Bezeichnungen für Baß und Akkord - wie für Gitarre üblich - in jeweils *einem Symbol* zusammengezogen. Der Akkordeon-Spieler kann diese Symbole jedoch leicht auflösen, z.B.:

C am Anfang eines 4/4-Takts = C c c c
G am Anfang eines 3/4-Takts = G g g
E^7 am Anfang eines 3/4-Takts = E e^7 e^7 usw.

Neben einem Schrägstrich kennzeichnen hier kleine Buchstaben sogenannte Wechselbässe, d.h. der Baßton weicht vom Grundton eines Akkords ab:

C/g löst der Akkordeonspieler auf in: G c c c
G/d löst der Akkordeonspieler auf in : D g g g

Große Buchstaben mit einem nachgestellten „m" bedeuten *Moll,* z.B. Am = a-Moll.

Sowohl für den Anfänger wie für den routinierten Akkordeon-Spieler bietet dieses Liederbuch eine Fundgrube schöner Melodien und eine Fülle von Möglichkeiten, sein Instrument wirkungsvoll einzusetzen:

1) Die Lieder können allein mit der rechten Hand nach den aufgezeichneten Noten als Melodie gespielt werden. Damit haben die Sänger eine gute Melodieführung.
2) Aus den Buchstaben über dem Liniensystem kann der Akkordeonspieler eine Begleitung für die linke Hand ableiten: Er löst die Buchstabensymbole für das Baß- und Akkordspiel auf dem linken Instrumententeil auf, wobei er auch zusätzliche Wechselbässe einführen kann.
3) Aus Noten und Buchstaben ist es weiter möglich, eine Melodie- und Begleitkombination zu gestalten: Die Melodie wird auf der rechten Seite gespielt, die Begleitung auf der linken Seite mit dem Baß- und Akkordwerk.
4) Mit Hilfe der Registertasten kann das Spiel auf dem Akkordeon noch zusätzlich „gefärbt" werden, d.h. je nach Lied kann eine passende Klangfarbe eingeschaltet werden. Ganz wie es gefällt.

Das folgende Beipiel soll diese Möglichkeiten verdeutlichen.

Das Jennerweinlied

(siehe Seite 89)

1. Kleine Ausgestaltung der Melodie mit der rechten Hand:

2. Begleitung des Liedes mit dem Baß- und Akkordwerk:

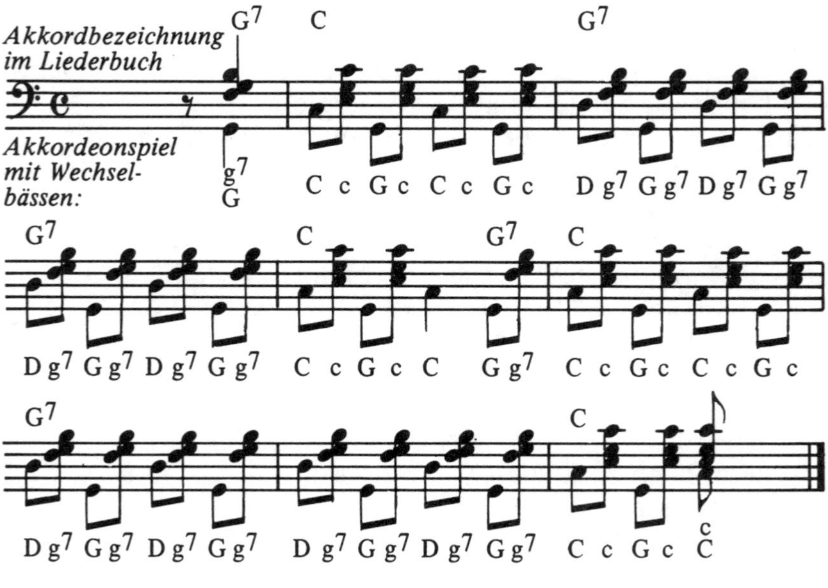

3. Melodie und Baßwerk zusammengefaßt:

Ein weiteres Beispiel bietet der „Tölzer Schützenmarsch", bei dem die Akkordeon-Bezeichnungen unter den Noten aufgezeichnet sind (Seite 101).

Instrumente alpenländischer Volksmusik

Alphorn

Das Alphorn ist eine bis zu 4 m lange Hirtentrompete aus Holz oder Rinde in gerader oder leicht gekrümmter Form. Es wird mit einem trompetenartigen Mundstück angeblasen. Da es keine Grifflöcher oder sonstige Spielhilfen besitzt, müssen die verschiedenen Töne durch unterschiedliche Lippenstellung erzeugt werden, d. h. Melodien können nur durch „Überblasen“ des Grundtons entstehen. Der tiefste - sehr oft nicht spielbare - Grundton eines Blasinstruments hat nämlich viele „Obertöne“, die einzeln aus dem Instrument herausgelockt werden können, z. B.

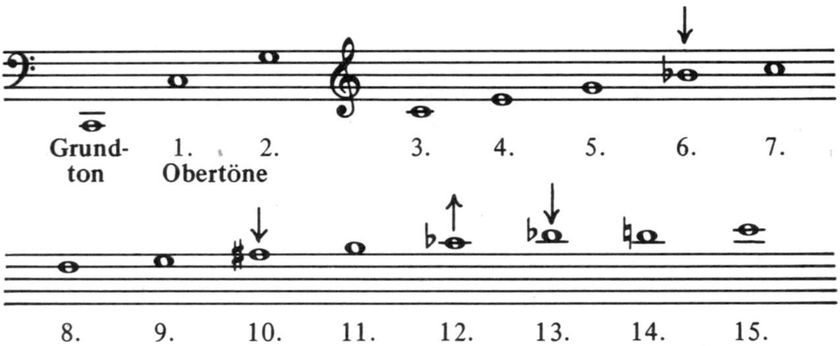

(der 6., 10. und 13. Oberton liegen etwas tiefer, der 12. etwas höher als notiert.)

Beim Alphorn sind von guten Spielern Töne ab dem 3. Oberton zu erreichen.

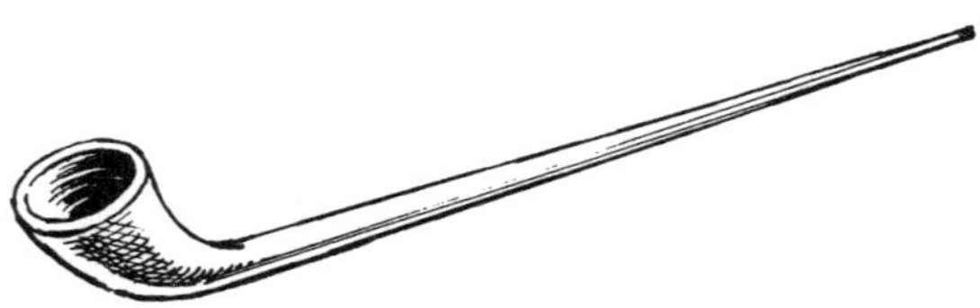

Ursprünglich, schon in der germanischen Zeit, war das Alphorn wegen seines weittragenden Tones vor allem ein Rufinstrument von Hirt zu Hirt. Auf bildlichen Darstellungen und in der Literatur ist es seit dem 16. Jahrhundert auch als Melodieinstrument belegt. Im 18. und 19. Jahrhundert wurde es sogar in der Kunstmusik vereinzelt eingesetzt. In neuerer Zeit hat es vor allem in der schweizerischen Volksmusik wieder einen wichtigen Platz.

Hackbrett

Das Hackbrett gehört zur Familie der Zitherinstrumente. Seine Saiten sind über einen trapezförmigen Resonanzkasten gespannt und zu 3-5fachen Chören*) zusammengefaßt. Sie werden aber nicht gezupft, sondern mit zwei Klöppeln geschlagen. Meist sind die Saiten durch einen Quintensteg im Verhältnis 2:3 getrennt, so daß links und rechts davon je Saitenchor zwei verschiedene Töne im Quintenabstand erklingen (z.B. beim „Steirischen Hackbrett"). Durch zusätzliche Teilstege können die Saiten halbtonweise erhöht werden. Beim chromatischen Hackbrett sind die Töne durch zwei Stege so geteilt, daß von Saitenchor zu Saitenchor aufsteigend Halbtöne zu spielen sind. Große Instrumente umfassen bis zu 3½ Oktaven.

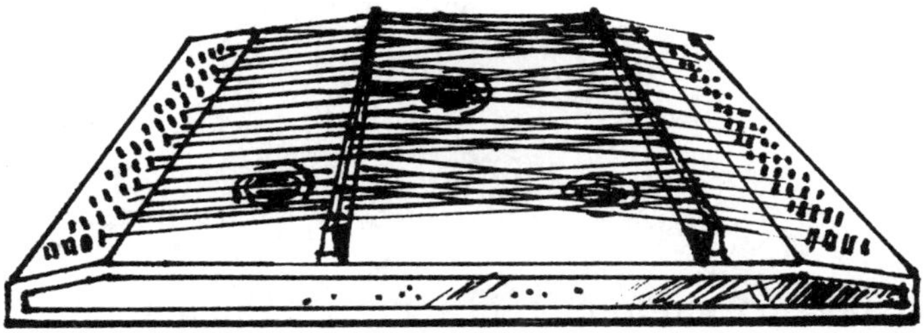

*) Chor bedeutet hier: Für jeden Ton erklingt eine Gruppe von mehreren Saiten.

Vermutlich geht das Hackbrett auf das vorderorientalische Santur zurück. Über Byzanz und die Balkanländer kam es in den Alpenraum. Während das Instrument in Osteuropa (als „Cimbal" in Ungarn, Rumänien und Jugoslawien) wie in der Ostschweiz und im Wallis seither eine ungebrochene Tradition besitzt, geriet es Ende des 19. Jahrhunderts im bayrisch-österreichischen Alpenland fast in Vergessenheit. Erst in den 20er Jahren unseres Jahrhunderts wurde dort das Hackbrett als Volksmusikinstrument wiederentdeckt und neu belebt. Seither trägt es mit seinem typischen Nachhall wesentlich zu dem uns heute geläufigen Klang instrumentaler Volksmusik bei.

Maultrommel (Brummeisen)

Die Maultrommel, in der Schweiz „Trümpi" genannt, ist vielleicht das lustigste aller Instrumente. Bei keinem anderen müssen sich nämlich die Gesichtszüge des Spielers so sichtbar verändern wie bei diesem. Während einer Melodie sieht man den Spieler abwechselnd „lachen und weinen". Das kommt daher, daß die Mundhöhle selbst als Resonanzraum dient und die Tonhöhe nur durch Veränderung der Mund- und Wangenstellung erzielt werden kann.

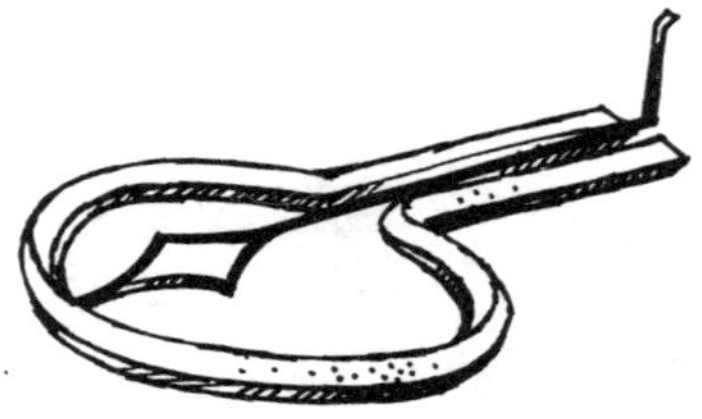

An einem hufeisenförmig gebogenen und an den Enden verlängerten Metallrahmen ist eine Metallzunge angelötet. Das rechtwinklig aufgebogene Ende der Zunge wird mit einem Finger angezupft. Der runde Metallrahmen wird beim Spielen zwischen die Zähne genommen, so daß die Metallzunge frei in die Mundhöhle hineinschwingt. Durch Ein- und Ausatmen werden die Töne artikuliert.

Das Brummeisen ist ein sehr weit verbreitetes Instrument. Es findet sich nicht nur in Europa, sondern auch in Asien, Afrika, Nord- und Südamerika. Alter und Herkunft sind nicht festzustellen. Schon für das 12. Jahrhundert ist es in der Schweiz eindeutig als Volksinstrument nachgewiesen. Im 19. Jahrhundert wurde die Maultrommel vielerorts durch die Mundharmonika verdrängt. In jüngster Zeit hat sie aber wieder einen festen Platz in der Volksmusik gefunden.

Tiroler Volksharfe

Die Harfe ist eines der ältesten Musikinstrumente. Schon früh wurde sie auch in der alpenländischen Volksmusik verwendet.

Bis ins 17. Jahrhundert hinein war sie allerdings praktisch nur diatonisch spielbar, d. h. nur in der Grundstimmung. Tiroler Volksmusiker waren es, die in der zweiten Hälfte des 17. Jahrhunderts eine wesentliche Verbesserung erfanden: Sie setzten drehbare Haken ein, durch die einzelne Saiten um einen Halbton erhöht werden konnten. Somit war es möglich, mehrere Tonarten zu spielen. Diese *Haken-Harfe* wurde rasch sehr beliebt und hat sich über hundert Jahre lang gehalten. Die heutige Volksharfe geht auf eine Erfindung von G. Hochbrucker in Donauwörth zurück: Um 1720 baute er seine *Tretharfe,* bei der das Umstimmen der einzelnen Saiten nicht mehr mit der Hand, sondern mit Hilfe von Fußpedalen vorgenommen werden konnte. Die moderne Volksharfe, wie sie z. B. Karl Fischer (Traunstein) baut, hat 37 Saiten und 7 Einfachpedale; sie kann in acht Tonarten gespielt werden.

An jeder Harfe fällt die dreieckige Form auf. Die vom tiefsten bis zum höchsten Ton immer kürzer werdenden Saiten sind zwischen Hals und Resonanzkörper eingespannt, wobei der Hals durch eine Stange gestützt wird. Der Spieler zupft im Sitzen die Saiten links und rechts mit den Fingern beider Hände an. Typisch für den Klang der Harfe ist das „Arpeggio"*), d. h. das Spiel mit gebrochenen Akkorden.

Zither

Das beherrschende Instrument der alpenländischen Volksmusik ist die Zither. Sie hat sich im 17. und 18. Jahrhundert aus dem alten „Scheitholz" (mit nur 2 - 3 Melodie- und wenigen Bordunsaiten) entwickelt. Bei der heutigen Zither sind 5 Melodiesaiten sowie 24 bis 38 Begleit- und Baßsaiten über einen flachen Resonanzkörper gespannt. Die Melodiesaiten laufen über ein Griffbrett mit Bünden und sind in a^1 a^1 d^1 g c (Münch-

*) Die Bezeichnung „Arpeggio" hat sich auch aus dem lateinischen Wort *harpa* = Harfe entwickelt.

ner Stimmung) oder in a^1 d^1 g^1 g c (Wiener Stimmung) gestimmt.

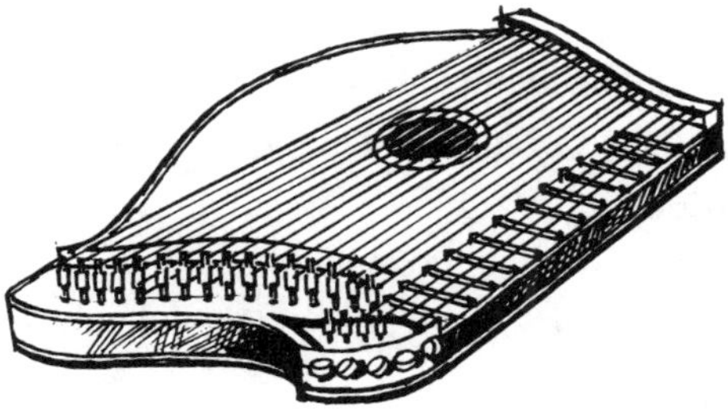

Beim Spiel wird das Instrument auf die Oberschenkel, meist jedoch auf einen Tisch gelegt. Die linke Hand greift die Melodiesaiten; mit einem am Daumen der rechten Hand befestigten Schlagring (Plektron) werden die Melodiesaiten angerissen; die übrigen vier Finger der rechten Hand zupfen die Begleit- und Baßsaiten.

Die Spieltechnik ist nicht allzu schwierig; jedoch erfordert der Einsatz des rechten Daumens eine gewisse Beweglichkeit und Unabhängigkeit von den übrigen Fingern der rechten Hand. Eine echte instrumentale Volksmusik aus dem alpenländischen Raum ist ohne Zither kaum denkbar.

Alphabetisches Inhaltsverzeichnis nach Titeln und Liedanfängen

Gerhard Buchner
Evergreens

Prall gefüllt mit lebendigen Volksliedern, Schlagern und Schnulzen, bekannten Songs aus Film, Operette und Musical und beliebten Melodien aus Funk und Fernsehen.
Alle Lieder mit Noten und Akkordangaben sowie Anleitungen für Gitarre (mit ausführlicher Grifftabelle) und Keyboard.

Im handlichen Format, DIN A6, 160 Seiten.
ISBN: 3-8024-0275-8

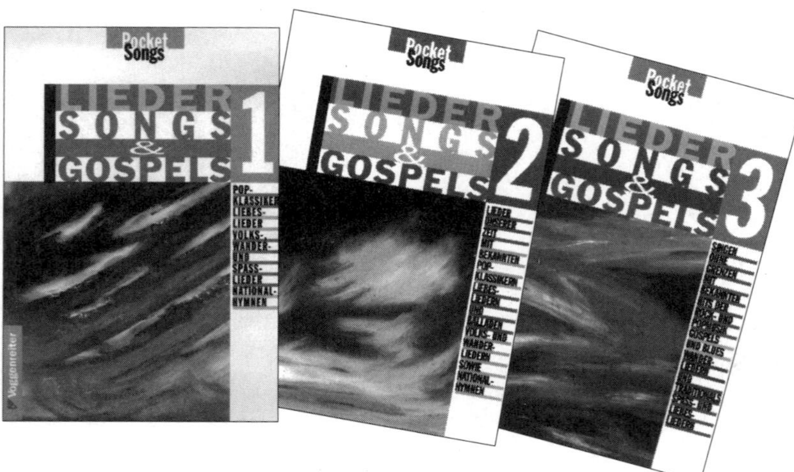

Gerhard Buchner
Lieder, Songs & Gospels 1 - 3

Der Bestseller mit Volks-, Wander- und Spaßliedern, Gospels & Spirituals und Songs aus aller Welt. Mit Hinweisen für die Gitarrenbegleitung.

Im handlichen Format, DIN A6

Bd. 1: ISBN: 3-8024-0241-3
Bd. 2: ISBN: 3-8024-0256-1
Bd. 3: ISBN: 3-8024-0257-X